大是文

生きるための「正義」を考える本

# 盡情煩惱吧，人生這樣思辨才有答案！

日本教育學者
押谷由夫——監修　王榆琮——譯

**每個人內心的正義，答案都不一樣，**
**怎麼做才能無悔也無愧？**

# 目錄

## 第二章　家庭和社區裡的難題，如何思辨解答？



## 第三章　社會正義的思辨

推薦序一

# 為什麼我們吵架、討論、和好？寫給一同生活的我們

長榮大學應用哲學系助理教授／洪菁勵

本書分為四個部分，分別為學校篇、家庭及社區篇、社會篇以及生命篇。每一個主題均分別探討其所屬環境下會遇到的問題，例如在學校裡，會遇到校規為何而存在、如何分配班級工作等；而在家庭中，會遇到父母言行不一、是否仍要聽父母的話等；在社會中，則有捐錢一定是好事嗎？面對生命，則是有安樂死及死刑存廢等議題。

這些議題對大多數年輕人應該不陌生，尤其是網路發達時代，正義魔人或網路搜索的事件頻傳，網民言論也常主導時事風向，這是否意味著藉由網路匿名性、便利性或即時性，人們變得更有公共意識、更願意對公共議題表達意見、更能夠公開的表達個人意見？網路的確解除許多人們對公共議題參與的時空限制，卻也同時凸顯另一個問題，僅僅表達意見是不夠的，它只是公共參與的起手式。公共參與的落實則是顯現在每個人對於各種意見的梳理、包容、理解與溝通。因此，

思辨才是落實公共參與的真實內涵。

那麼「意見」與「思辨」的關係是什麼？意見可以說是思辨的結論，每一個意見背後都有其思考過程。我們評定一個意見恰不恰當，通常依據所列舉理由的正確性、可驗證性、客觀性及各個理由之間有效的邏輯關係來判定。這麼說來，經過思辨的意見就是好意見囉？那倒不盡然，思辨固然左右了意見的合理性，然而相較於意見所真正要表達的，它比較像是工具意義而非實質內涵。意見的實質內涵其實是價值取向，每一個意見的陳述都表達了一個價值信念。

例如：「我認為應該廢除死刑。」這是意見，背後的價值信念是生命價值優先；相反的，「我認為應該保留死刑。」此意見背後的價值信念則是公平價值優先。而**思辨是幫助我們清晰表述價值信念的方法**，可以說思辨是協助合理化我們的價值信念。而人們對意見的好惡，更多取決於背後的價值信念。

走筆至此，我們遇上了一個更嚴峻的問題：若意見與價值信念有關，人們能否有客觀的價值評判標準？如死刑存廢，生命與公平哪個價值優先？若無，那麼公共事務的討論，是否只能流於眾說紛紜的喧囂場面？

情況也許比我們想像的樂觀。意見、思辨與價值信念三者其實是螺旋式前進的關係。意見雖是價值信念的表達，但有些人在表達意見時只是依樣畫葫蘆，而未曾探問其背後的價值取向，只是隨流俗意見或應和社會慣習，這時，**思辨能力即可起到澄清的作用，協助這些應和的意見者找到自己的價值取向**。於此同時，許多紛雜相左的意見，會因為發現自己的價值取向而停止表面的爭執，開始討論價值信念的優先順序，這時就進到價值信念的認識、理解及包容的階段。

在探討哪些價值信念優先之前，我們需要先理解，其他人的價值信念優先順序為何與我不同，是什麼造就了如此的不同，接著進一步思考，在這個不同之下，可以從「我們」的角度來思考新的價值信念之優先順序嗎？而這裡又重啟思辨能力之運用。思辨，能減少歧視並增進不同價值群體溝通理解的管道，但思辨不是目的，找出群體生活所需的價值信念才是，這是真正的困難之處，也是對現今自由表達世代的一大考驗。

本書以生動畫面帶領讀者循序漸進的從日常狀況開始思考，邀請讀者寫下個人意見，接著介紹其他可能的不同意見。當讀者與其他意見交鋒之際，便是思辨的開始，為意見提出有力的理由，並檢視其他人的理由，最後理解不同立場上的價值取捨，除了讓自己的價值觀得以表達之外，也**明白他人的意見背後也有一個對方看重的價值觀**。透過書中貼近生活的事例，一一檢視自己與他人在價值信念上的同異，不但讓自己的思考更有深度，也讓自己對人有更深的同理，同時也培養自己在面對衝突情境時，梳理思緒的應對能力。

推薦序二

# 思辨訓練為何重要、如何做？

哲學雞蛋糕腦闆／朱家安

一〇八課綱強調素養導向和思辨教育，我曾協助多場國高中教師研習，感受到老師們的支持，也感受到不安。

支持的老師們，多半認同在多元價值的民主國家，思考的素養是公民必備技能。就算情感上要真心擁抱意見不同者很難，但至少要理性、有辦法理解對方的想法，溝通時，要有辦法把自己的理念說明白。

然而許多老師們也感到不安。他們沒有受過思辨教育方面的培訓，不是很確定自己身在第一線，應該怎麼鍛鍊教學技術，才能帶領學生**學習思考和表達**。

我認為教育改革有時候需要做中學。放下成見虛心陪同學生討論，讓學生能安心表達、整理想法，過程當中，老師們自然也會磨練到開放討論、理性思辨的教學技巧。

「要帶討論，哪些議題比較合適？」是老師在培訓課程裡常問的務實問題。議題要能引起學生興趣，有思索和發表意見的空間，又不能過於複雜，或預設特定專業，使得老師無法在課堂上駕馭。

《盡情煩惱吧，人生這樣思辨才有答案！》就是好用的議題整理書。書裡彙整二十二個問題，由漫畫鋪陳的思考情境貼近生活，各種立場角色的發言不但有啟發性，也示範了不同意見能如何推進溝通。最後，讓讀者填寫自己意見的空間，則可以搭配各種教案。

多數決合理嗎？對校規不滿怎麼辦？有哪些理由勉強自己去交朋友呢？被霸凌而無法解決的話，不去上學如何？我該加入LINE群組來跟同學維持關係嗎？想成為電競選手但家長反對，怎麼辦？親人苦於病危，醫生說沒有復原可能，安樂死值得考慮嗎？

這些都是多數人常有，或遲早會有的疑惑，這些疑惑一旦出現，往往心心念念。老師帶學生思考，從學生在意的問題起步，有一些好處。在這些問題底下，學生有動力思考，而且這思考是為了自己，不是為了分數。學生**釐清自己的價值觀，提出理由來說明自己支持的結論**，不但是對自己信念的交代，也讓他們**成為能跟別人解釋自己立場的人**。此外，他們也能從其他人的看法獲得啟發，讓自己的想法更完整。

《盡情煩惱吧，人生這樣思辨才有答案！》提供跟得上時代的案例，並且不畏挑戰尖銳議題。每個章節最後的「在那之後」單元，也令我動容。

「在那之後」交代先前角色們的後續發展。本來不想讓同學知道老爸是漫畫家的小孩，開始去了解爸爸的工作內容；對於性別友善廁所有不同意見的孩子，一起規劃讓大家都能舒服使用的廁所；對於死刑存廢意見不合的兄妹，一起看新聞討論的時間變多了。雖然這些都只是故事劇情，但能提醒讀者，做人不只需要思辨和理性，也需要好心和善意。

前言

# 沒有正確答案的問題，怎麼想出好的解答？

在字典裡，一般會將「正義」定義為合乎正確道德、道理的事及人應當實行的正確行為。不過本書賦予正義的意義是，讓每個人**能獲得幸福的正確思維**，並加以探討正義這個詞。

書中會以學校、家庭、公司、政治等為例，為讀者提供足以參考並作為現代社會常發生的問題之解決方法。雖然都是在理解問題後，於合理範圍內所提出的解決之道，但非完全合乎現實。這些意見也許會讓人難以接受，不過這是故意要引導讀者思考。

探討的主題範圍包括學校的分配班級工作，以及現下不斷議論的死刑之存廢問題等。會以兩難的形式讓讀者思考、與他人交換意見，鼓勵讀者將自己的意見寫下來。請以公正的觀點審視，並且用精簡有效率的方式思考問題。

這些問題都沒有唯一正確的答案。例如每個主題中的漫畫，最後都會加上「在那之後……」的故事，補充描述後來解決問題時的選擇，但那只是為讀者所演繹出的例子之一，因此建議讀者靠自己思考本書沒有提供的答案。

也許你會覺得很奇怪：「咦？要我解開沒有正確答案的問題？」但請別急著下定論。這個世上有許多問題，並非像學校課堂、考試一樣有正確解答。倒不如說，我們的人生本來就充滿許多沒有唯一答案的問題。

另外，還有一點極為重要，我們的社會要朝著認同多元價值觀的方向成長。因為世界上有各式各樣的人、文化和習慣，各自有所差異，當我們可以互相理解、包容時，就能幫每個人引導出獲得幸福的方法，以及跳脫出不同文化與習慣的框架，找出解決問題的共通思考方式，這就是本書想達成的正義思維。

人要生存在這個世界上，需要的能力之一，即為探討何謂正義的思考力量。

監修者的話

# 「理性」是動詞——讓思考進行觀點上的移動

正義，是人們貫徹正確的道理。雖然這是正確的觀念，但在某些場合中，這樣的正義有時卻會傷害到別人。

你是不是曾有過「明明這是正確觀念，為何他人不肯接受」，以及「自己莫名其妙被別人討厭」的經驗？這是因為我們單純以行為衡量對錯，只靠當下發生的情況做判斷。然而行為的產生，其實是由各種因素驅使而成，其狀況的發生背景也不盡相同。當你可以仔細思考許多事物時，你的想法就能被他人理解，同時你的朋友也會越來越信任你。

本書所舉的例子，不會以大眾普遍認同的常識作為結論，而是在探討各種原因及背景的同時，幫助讀者獲得改善問題的力量，並提升讀者思考的能力。

首先，我們要砥礪道德方面的感性，因為這可以提升你將心比心的觀念。如此一來，當你發現似乎不太妥當、這樣很嚴重時，就能一邊貼近對方（包含各種人、事、物）的感受，一邊思考其中的緣由。接著我們還要更進一步，在探討具體論點時，能同時獲得邏輯性的思考分析能力。

其中**最重要的，就是讓思考進行觀點上的移動。簡單來說，就是從多方角度改變觀點（軸）**。擁有這種能力後，我們就可以藉著四個軸去分析事件。第一個是對象軸（思考對方的立場為何），第二是時間軸（思考事件繼續發生後，將會演變成什麼狀態），第三是條件軸（思考如果出現其他變因，或許會出現不一樣的變化），第四是本質軸（對事件持續質疑，例如為何會發生等）。

透過本書，讀者們可以鍛鍊出道德方面的感性，以及邏輯性的思考分析能力，所以我也希望讀者能藉此鍛鍊出兼具感性、合理性的思維，進而成為幫助自己開拓未來的助力。

# 本書的使用方法

## 1 主題

先以漫畫解說該主題有什麼問題發生。

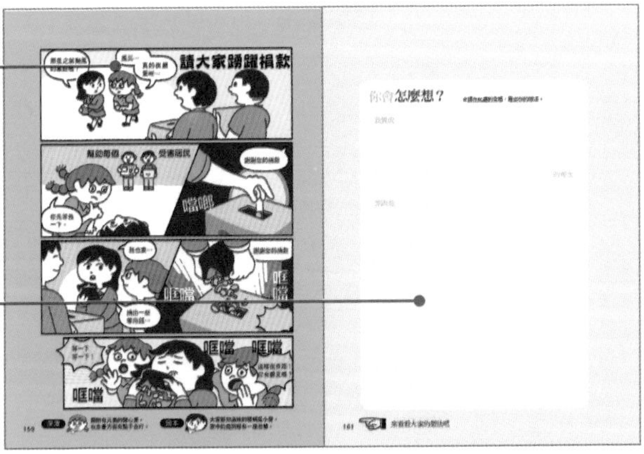


## 2 寫下自己的意見

在這個階段中，請針對該問題寫上自己的意見。

## 3 閱讀大家的意見後，再進行多方面的思考

閱讀其他人對於該問題的看法，然後思考過他們的看法後，再一次寫出自己的意見。此時，你會發現自己可能寫出截然不同的想法。

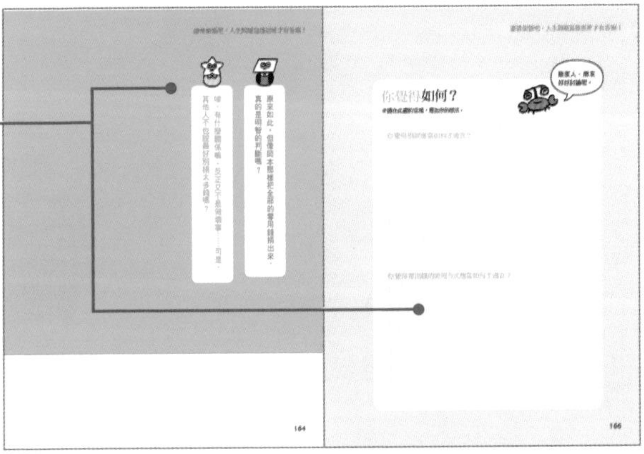


## 4 確認「在那之後……」有何發展

告訴讀者主題一開始所演繹的漫畫，最後以什麼方法解決。請注意其中的解決之道並不是唯一解答，純粹只是其中一種例子而已。

## 5 閱讀補充說明

與該主題相關的補充說明。另外，也請思考欄位下方的「也思考以下問題吧」，你可以藉此深思與主題相關的其他問題。

## 嚮導

**天秤螃蟹**

### 在深海中成長的超級動物

溫柔且深思熟慮，平時會在沙灘上走來走去。

## 互相分享意見的成員

α（阿法）

### 溫柔穩重

在仔細聆聽他人說話的同時整合所有意見。容易因為「目前熱賣中」的行銷話術，而衝動購物。

β（貝塔）

### 聰明又冷靜

偏愛合乎理論並具有邏輯的判斷。認為情緒會妨礙溝通。喜歡自助式收銀系統。

γ（伽瑪）

### 具有領導者氣質

比起猶豫不決更喜歡立刻行動。會把自己相信的道理強推給他人。十分推崇叉子式排隊法。

δ（迪爾塔）

### 光鮮亮麗的自由人士

雖然舉止隨意，不過很受大家歡迎。天真的發言有時會剛好抓到問題的核心。使用附魔鬼氈的錢包。

# 第一章

## 校園裡的正義，如何思辨

- 不合理的規定，你會遵守或漠視？
- 不去上學，是抵抗霸凌的正確方法嗎？
- 不管身處哪個群體，都要想辦法多交朋友？

# 1

# 每個人都有各自想做、不想做的工作，用什麼方法才公平？

‧學藝股長
‧衛生股長
‧圖書股長
請各位分配好自己的班級工作。
工作分配完後，就是自習時間。
好
好想趕快自習喔……
就用迅速又公平的方法吧！
我要想辦法避開擔任學藝股長。
碰嗒！
大家靠抽籤一次定勝負吧！
就讓每個人主動承擔工作吧！
要大家主動承擔，到最後一定有人覺得不公平！
不斷爭論
七嘴八舌
適才所用會更合理！
怎麼分配都分配不好嗎……


青木  個性認真，但有些任性。跟家人感情和睦。

風間  從小就是青木的好朋友。雖然粗枝大葉，但能寫出很端正的字。

# 問題出在哪裡？

決定班級工作時，常常會出現大家意見相左的情形。**每個人都有各自想做、不想做的工作**。那麼，在這樣的情形下，要**用什麼方法，才能公平的分配**大家的工作呢？

青木主張用抽籤決定，可是大家無法知道自己將會負責什麼工作，所以抽籤乍看之下很公平，但缺點就是無法考量到所有同學的意願。

而風間主張優先詢問同學們各自的意願，然後再一一分配每個人的工作。這種方法雖然能顧慮到所有同學的意願，但過程中會花費大量時間，也難以滿足每位同學的想法。

當你的班上也出現這個情況時，你覺得該如何分配呢？

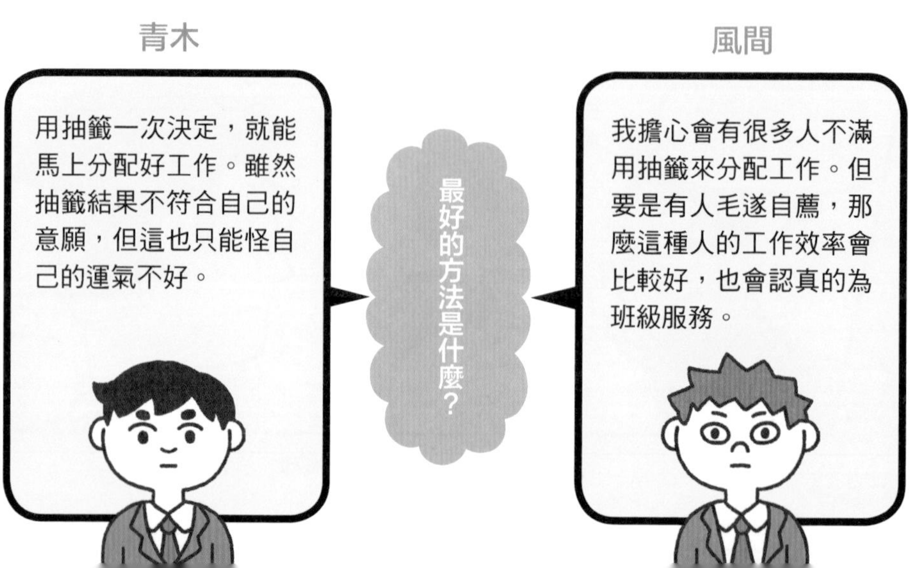
風間
我擔心會有很多人不滿用抽籤來分配工作。但要是有人毛遂自薦，那麼這種人的工作效率會比較好，也會認真的為班級服務。
最好的方法是什麼？
青木
用抽籤一次決定，就能馬上分配好工作。雖然抽籤結果不符合自己的意願，但這也只能怪自己的運氣不好。

## 你會怎麼想？

※請在此處的空格，寫出你的想法。

我贊成

的理念

原因是



來看看大家的想法吧

# 聽聽大家的想法

有些工作可能沒人想負責，所以用抽籤就能有效分配。

的確。但風間希望大家主動承擔工作的理由，在於有意願負責特定工作的人做事比較有效率，而且更能讓大家滿意。因此讓同學們各自負責自己擅長的事務，在工作的完成度上會更高。

真要說的話，這種方式只是因為自己能做自己喜歡做的事吧？要是大家集中爭取同一種工作時，又該怎麼辦？

這個時候就用抽籤決定吧。哎呀，結果還是要靠抽籤來決定。

這樣的話，打從一開始抽籤不就成了？

以自薦的方式，必定演變成不知道誰該負責大家都不想要的工作。就算最後決定好了，也會有人開始推卸責任，說自己不肯負責那些冷門工作。

所以剛才就講了。如果有人自願負責特定工作，就一定能順利完成工作。

靠抽籤來獲得各種職務的經驗。
毛遂自薦更能提高大家的滿意度。
我認為還是要思考分配工作的目的。

這麼一想，分配工作的方法果然不能等閒視之。其實，為何要分配那些工作，本來就是該事前多方考量。

這是因為班上的各種工作需要有特定的人各自分擔吧？我想工作的安排，果然還是要讓擅長特定工作、自願承擔的人處理。

不對，其實也不只是幫大家解決問題而已。讓學生們透過班級工作學習經驗，也是讓學生承擔工作的目的之一。

畢竟讓學生學習為大家服務的過程也很重要，我想還是用抽籤比較妥當吧？雖然這樣又得從頭探討這個問題。

# 為何需要分配工作？

分擔班級的工作

累積各種工作經驗

從工作中培養幫助他人的觀念

# 你覺得如何？

※請在此處的空格，寫出你的想法。

我覺得決定股長的方法是

我覺得股長帶領班級活動的目的是

## 在那之後……

保健股長
圖書股長
沒有意見
不知道有沒有更好的決定方法？
另外再設立一個沒有意見的項目，讓同學們能更主動的選擇工作，若出現爭取名額的情況，就以抽籤的方式決定。

### 擔任幹部的目的

學生在學校，除了上課之外，還可能會擔任班級或社團幹部，目的是讓學生們學習團體生活中不可或缺的團隊分工觀念，以及了解自己可以為團體盡一份心力。另外，也可以讓學生有機會思考工作的意義為何，並且累積工作的經驗。即使大家都不想承擔，但那些工作還是要有人去完成。基於這種前提，你不妨也思考一下，什麼才是將工作分配給大家的最好方法。

學習團隊分工觀念
為團體盡一份心力
思考工作意義、累積經驗

**也思考以下問題吧**

選班長時，你覺得該投票還是自薦？換座位時，有沒有公平的決定方法？畢業旅行分配小組時，你會爭取自己跟喜歡的女生在一起，還是靠抽籤決定？

# 2

# 不合理的規定，你會遵守、或是漠視？

我說
青木啊～
是的，
老師。
我們學校禁止學生攜帶手機上學。
!?
哈哈哈哈
老師，你的觀念未免也太落伍了。
嘖嘖
這叫做
ICT 教育
ICT
未來教育重視的就是讓學生在生活中熟悉如何使用通訊設備。
嗯～
我了解你想表達的意思啦……
但原則上我還是要沒收。
為什麼啊
!!!
拖行


青木  個性認真，但有些任性。
心情不好時會上網觀賞貓咪影片。

按：ICT 意指資訊與通訊科技。

# 問題出在哪裡？

不管哪間學校，都一定有校規，而隨著學校教育方針和狀況的不同，校規會有所差異。或許對學生而言，有些校規難以讓人接受。當遇到這種情況時，你會怎麼辦？

例如青木的學校規定，禁止學生攜帶手機，所以老師才會要求青木遵守校規。即使青木**對這項校規提出異議，老師還是以「雖然能理解青木，但原則上還是以遵守校規為優先」**為由，沒收了青木的手機。而雖然青木主張：「這個校規不符常理」、「禁止使用手機，和ＩＣＴ教育的理念有所衝突」，但是老師基於遵守校規的原則，選擇不採納青木的論點。

當你遇到校規有矛盾之處時，你會想違反規定嗎？還是會覺得雖然校規很不合理，但還是乖乖遵守？

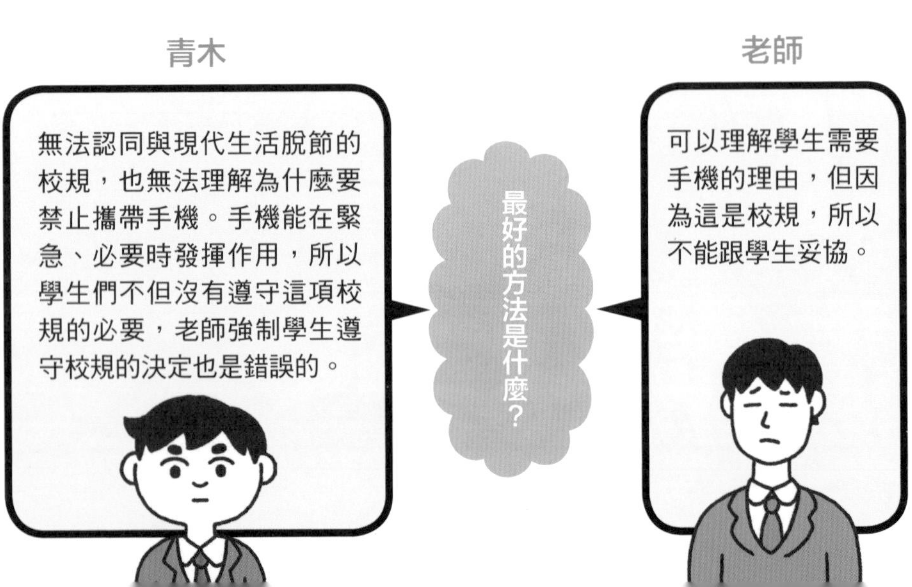
老師
可以理解學生需要手機的理由，但因為這是校規，所以不能跟學生妥協。
最好的方法是什麼？
青木
無法認同與現代生活脫節的校規，也無法理解為什麼要禁止攜帶手機。手機能在緊急、必要時發揮作用，所以學生們不但沒有遵守這項校規的必要，老師強制學生遵守校規的決定也是錯誤的。

# 你會怎麼想？

※請在此處的空格，寫出你的想法。

我贊成

的理念

原因是



來看看大家的想法吧

## 聽聽大家的想法

所謂的校規，就是學校的規範。校規就像是國家的法律，確實遵守才是正確的。

我也這麼認為，即使校規的內容很奇怪，但規範就是必須遵守，因為多數人願意遵守。

等一下，你們的意思是，即使校規內容和現實脫節，也該確實遵守嗎？這樣豈不是要學生只會死板的遵從規範。我認為禁止攜帶手機到學校，根本就不合理。因為學生還是需要學習如何使用手機查資料，還有手機可以作為緊急聯絡手段。

就算這麼說，規定就是規定。如果學生覺得不合理的話，我覺得改變規定內容會比較好。

但就算學生抗議，也很少有成功改變校規的案例吧？再怎麼說，校規的用意就是為了要管理學生……。

不對，訂定校規是為了讓學生可以有舒適的校園生活。例如禁止在走廊上奔跑、要跟師長打招呼，這些規定的用意，大多是為了讓學生們可以用輕鬆愉快的心情在學校上課……。

但我認為禁止攜帶手機不在這種理念當中。

所謂的校規就是該確實遵守。
可以試著改掉不合理的校規。
我不能接受不合理的校規。

如果這種規範是為了學生著想，也算是立意良善。要是學生提出希望改變校規的意見，就應該提出來討論。

不過學生的判斷不見得正確，即使學生覺得這樣很怪，校規會這麼規定也有它的道理。

也許是擔心沒有手機的學生會被大家排擠，或是怕學生會在上課時玩手機吧？

為何會訂定校規？

為了維持學校的秩序

讓校園可以
維持安全、舒適的環境

※ 其他還有避免價格貴重的手機
出現毀損、失竊的考量。

## 你覺得如何？

※請在此處的空格，寫出你的想法。

我覺得奇怪的校規是

我覺得校規存在的目的是

# 在那之後……

這項校規是錯誤的…
我跟大家承諾~
開放攜帶手機
以改變校規作為自己的政見，並競選學生會長。


## 為何必須設立規範呢？

不管是學校、地方自治會、運動社團等等，都會設立必須遵守的規範。如果沒有規範，就無法解決對立問題，或是防止不該發生的狀況。此外，規範要先經過大家的同意，在這個前提下，大家遵守規範的意願就會提高。

但另一方面，隨著時代的演進，規範有可能逐漸不符合常情。因此在這種時候，有必要經過大家的同意進而修正規範。

規範會隨著時代演變


日本過去可以在車站月臺等公共場所吸菸，不過約在2000年後，人們在公共場所只能在吸菸區中吸菸。

**也思考以下問題吧**

要讓手機可以攜帶到學校，必須滿足什麼合理的條件？

# 3

# 只要有實力，練習態度不佳的人還是可以下場比賽？

我要公布下一場比賽的出賽名單。
咕嚕
你看過這星期的漫畫沒？
認真練習的佐野同學！
我入選了
我認為比賽能幫你增進球技。
希望你能跟隊長一起帶動我們的士氣。
知道了…
還有球技高超的真鍋、濱田！
咦？
!?
四處張望
我去找他們回來～
精彩喔～
好了！以上三名球員請以隊長為中心，組成一個小隊！
怎麼會要我跟他們配合！
這樣很累欸～


佐野 籃球社成員。雖然球技進步慢，但是覺得打籃球很有趣。

真鍋 思考任何事情，都能馬上理解。但是，一旦厭倦就開始煩躁。

濱田 跟真鍋的感情很好。只在乎新奇好玩的事物。

# 問題出在哪裡？

最近老師公布了校際比賽的出賽名單。佐野因為很努力練球，所以成為代表學校出賽的選手。而真鍋和濱田卻只是因為很會打球就成為選手。最麻煩的就是他們兩人常常會在球隊練習時缺席。這種破壞團結精神的表現，讓大家覺得很靠不住。但由於他們的實力毋庸置疑，所以即使沒有努力練球，球技還是得到大家的肯定。因此，其他成員也難以規勸他們老實練球，畢竟實力不如他們的成員們，不好意思對他們說：「不好好練球，就無法讓球技進步。」

平時努力練習的佐野和其他成員們當然想在比賽中獲勝，基於這個考量，不管練球態度為何，或許優先選擇實力好的成員才是好方法。不過，要是以激發團隊精神為主，選擇努力練球的成員，穩固球隊的士氣，也許才是最明智的判斷。

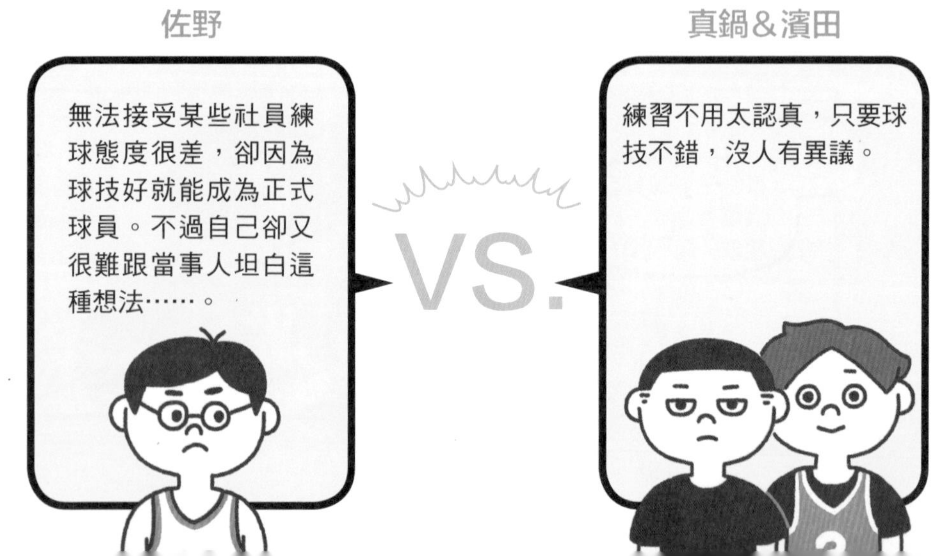
真鍋＆濱田
練習不用太認真，只要球技不錯，沒人有異議。
VS.
佐野
無法接受某些社員練球態度很差，卻因為球技好就能成為正式球員。不過自己卻又很難跟當事人坦白這種想法……。

# 你會怎麼想？

※請在此處的空格，寫出你的想法。

我贊成

的理念

原因是

來看看大家的想法吧

# 聽聽大家的想法

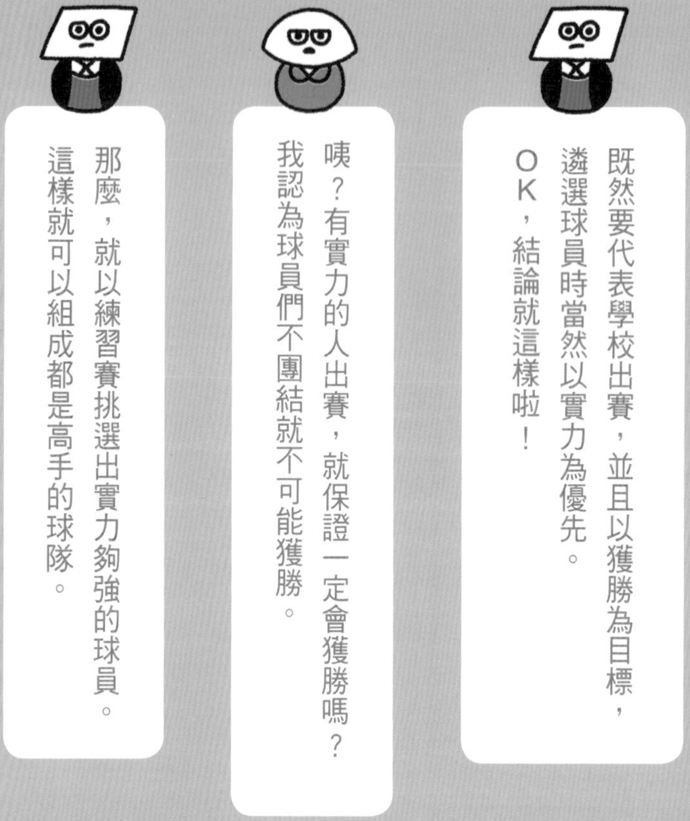
既然要代表學校出賽，並且以獲勝為目標，遴選球員時當然以實力為優先。ＯＫ，結論就這樣啦！
咦？有實力的人出賽，就保證一定會獲勝嗎？我認為球員們不團結就不可能獲勝。
那麼，就以練習賽挑選出實力夠強的球員。這樣就可以組成都是高手的球隊。

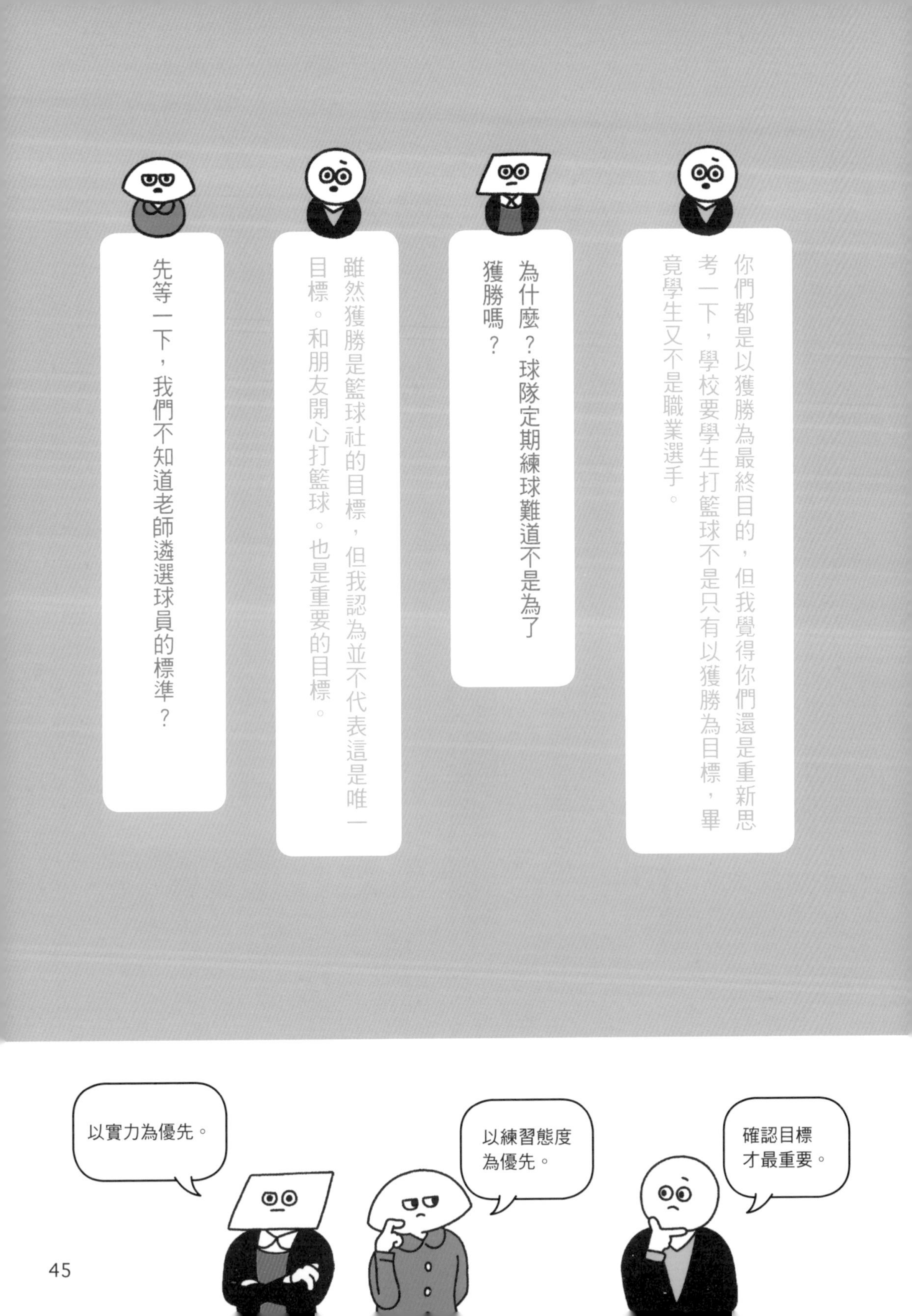
你們都是以獲勝為最終目的，但我覺得你們還是重新思考一下，學校要學生打籃球不是只有以獲勝為目標，畢竟學生又不是職業選手。
為什麼？球隊定期練球難道不是為了獲勝嗎？
雖然獲勝是籃球社的目標，但我認為並不代表這是唯一目標。和朋友開心打籃球。也是重要的目標。
先等一下，我們不知道老師遴選球員的標準？
以實力為優先。
以練習態度為優先。
確認目標才最重要。

要是可以先知道遴選的標準是以實力為優先，或是以練習態度為優先，又或是以學年高低為優先，那麼大家就更能接受結果吧？

假如可以知道是什麼樣的遴選標準，大家就能事先討論，並能理解老師選球員時的考量。

我覺得事先溝通也不錯，能把不方便指責對方的意見說出來。

不過，萬一意見不合又該怎麼辦？這樣說不定會影響球隊的團結精神。

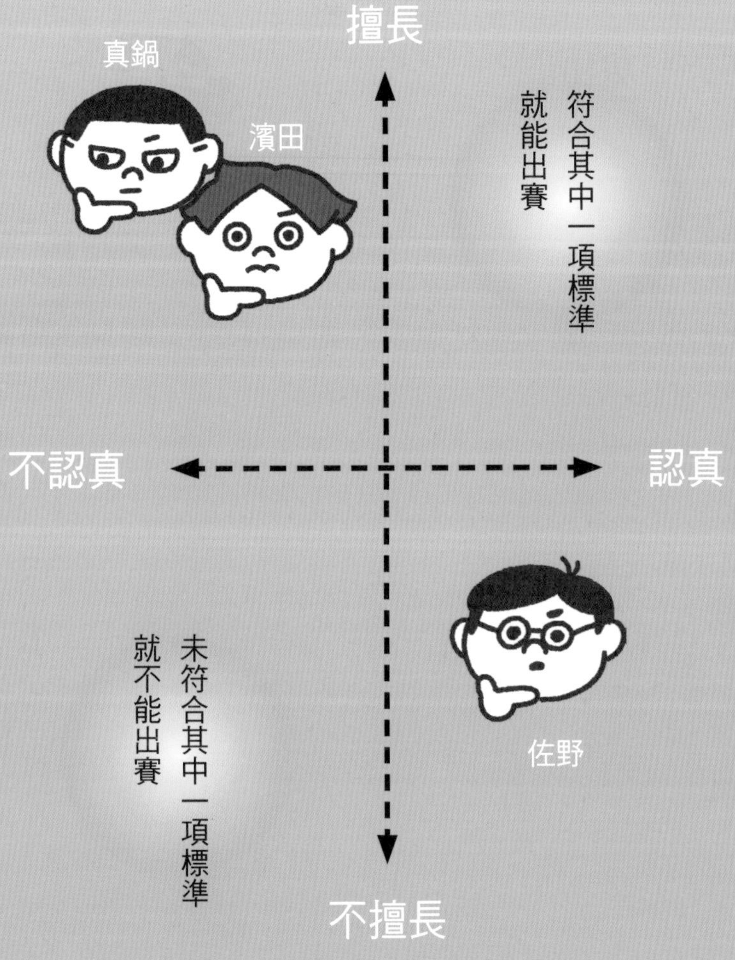
擅長
真鍋
濱田
符合其中一項標準
就能出賽
不認真
認真
未符合其中一項標準
就不能出賽
佐野
不擅長

# 你覺得如何？

※請在此處的空格，寫出你的想法。

我覺得決定成員的標準是

我覺得社團活動的目的是

# 在那之後……

真希望那兩個人
可以認真練球。
就是說啊～
隊長
不如我們輪流擔任隊長吧……
真的
可以嗎？
!!
和隊長一起討論，並且思考如何提高球隊的士氣。


## 社團活動的意義

國中的社團活動是學校教育必須實施的環節。社團活動以學生為主體，使學生可以自發性的對運動、文化產生興趣，並且參與相關活動。而其中的目的就是要提升學生的責任心、歸屬感。換言之，社團活動可以令學生對團體盡責，以及感受團隊合作的美好之處。運動類社團雖然有獲勝這種簡單目標，但我們也必須了解，獲勝並不是參與社團活動唯一的意義。

歸屬感　自發性的參與活動　責任心

**也思考以下問題吧**

社團規定社員要每天練習到傍晚，讓我覺得很累。但既然這是自己的選擇，那也沒辦法吧？我只把運動當成可以輕鬆玩耍的事而已，但其他人都練習得很認真。是我的心態有問題嗎？

# 4

# 不管身處哪個群體，都要想辦法多交朋友？

環奈跟小愛是一對感情很好的朋友。
小愛
環奈
新學期時也很幸運的被編在同一班，但是……
沒想到小愛可以跟很多人聊天。
雖然我聽過朋友是越多越好，
但這個道理真的沒錯嗎？
我真不想說那些表面上附和人家的話……
環奈怎麼又一個人獨處？
雖然我聽過朋友就該重質不重量，
但這個道理真的沒錯嗎？
要是不願意主動跟大家交流
就會孤單一人……

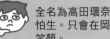

**高田** 全名為高田環奈，個性有些怕生。只會在岡本面前展露笑顏。

**岡本** 大家都知道她的暱稱是小愛。雖然是千金大小姐，但其實是個努力向上的女生。

# 問題出在哪裡？

新學期時，許多同學多少會想：「既然大家難得同班，那就想辦法多結交一些朋友吧！」或是「我要積極找到能一生交心的好朋友。」

我們都知道擁有推心置腹的朋友，能讓自己的人生變得多采多姿，因此會覺得朋友越多越好。但是，在跟朋友相處時，難免會吵架、冷戰，或是產生不愉快的回憶。這時，我們或許反而會覺得朋友這玩意不要也罷。

此外，既然有的人擅長和朋友相處，可以和許多人輕鬆聊天，那麼也會有人不擅長積極與人搭話，難以用熟識的態度和他人聊天。所以，對於不需要擁有太多朋友，以及不擅長結交朋友的人來說，想辦法多結交一些朋友的觀念，反而會讓他們產生心理壓力。

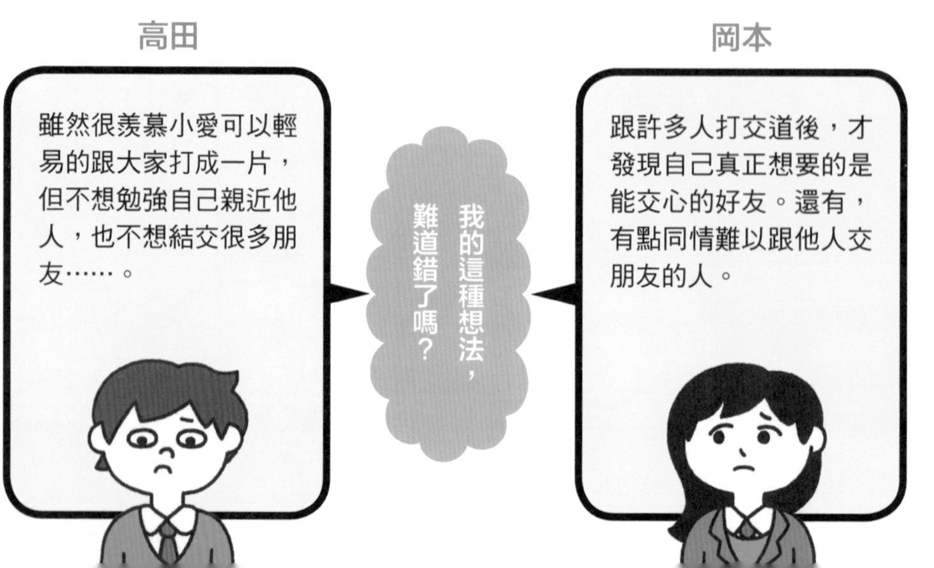
高田
雖然很羨慕小愛可以輕易的跟大家打成一片，但不想勉強自己親近他人，也不想結交很多朋友……。
我的這種想法，難道錯了嗎？
岡本
跟許多人打交道後，才發現自己真正想要的是能交心的好友。還有，有點同情難以跟他人交朋友的人。

# 你會怎麼想？

※請在此處的空格，寫出你的想法。

我贊成

的理念

原因是



來看看大家的想法吧

# 聽聽大家的想法

朋友當然是越多越好，可以跟大家聊各種話題、興趣的人才可以過得快樂。

我認為比起有更多表面關係的朋友，擁有少數且交情較深的好朋友會更好。

這要看個人的喜好，所以不好說哪一種才是對的。雖然有些人認為朋友就是越多越好，但事實上也有人對此持相反的看法。

其中也有雖然很想交朋友，卻難以積極跟大家攀談的人。像這種人又該怎麼辦？

一直努力找話題跟人家聊天也是挺困難的。不過在別人主動跟自己攀談時，至少自己要開朗的回應吧？

但是，跟誰都可以聊的人，感覺會被認為有些輕浮吧？

這種想法也太奇怪了。我覺得有這種想法的人，是因為羨慕那些跟誰都能聊開的人。

朋友是越多越好。
至少要有幾個交情較深的好朋友。
按照自己的意願交朋友就可以了。

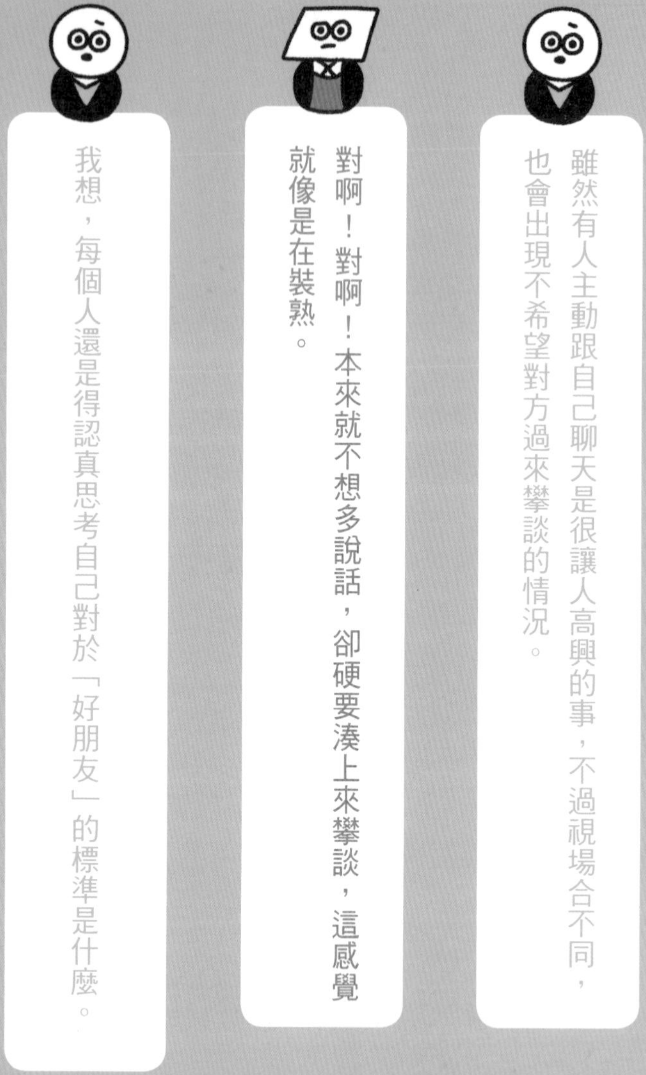
雖然有人主動跟自己聊天是很讓人高興的事，不過視場合不同，也會出現不希望對方過來攀談的情況。
對啊！對啊！本來就不想多說話，卻硬要湊上來攀談，這感覺就像是在裝熟。
我想，每個人還是得認真思考自己對於「好朋友」的標準是什麼。

## 朋友的好處

可以一起分享喜怒哀樂、
互相幫忙、互相鼓勵，
可以分享彼此所沒有的事物。

## 沒有朋友的好處

任何事都可以按照自己的想法，
不用在乎如何維持交友關係，
可以獨處的時間變多。

# 你覺得如何？

※請在此處的空格，寫出你的想法。

朋友真的是越多越好嗎？

你希望朋友能為你做什麼？

# 在那之後……

雖然跟我不同，但我喜歡她的個性……
一起回家吧！
嗯，好
但我很在乎她坦率對人。
但我很在乎她堅持自我。
產生出可以互相尊重包容的朋友關係。

## 什麼時期最適合結交朋友？

人類無法獨自生存，除了家人之外，我們還必須擁有跟自己志同道合的朋友。有了朋友，就可以互相交流興趣和感受。能擁有打從心底信賴的朋友，可以讓我們的人生變得更豐富。

等到成年後，生活圈裡接觸到的人們，大都是因為工作和利益而互有關聯，彼此間很難形成不計較利益的朋友關係。因此，學生時期最適合結交朋友。

人生中很難找到不計較利益的朋友。
成年後，可以跟朋友一起行動的時間會變少。
學生時代是最容易結交朋友的時期。

**也思考以下問題吧**

所謂真正的好朋友，又是什麼樣的朋友呢？

# 5 LINE的群組，唉，到底是要幫忙還是麻煩……

嗶
嗶
嗶
嗶
嗶
7:00
嗯？
231
LINE
231通訊息
昨天妳沒看群組對不對！
虧大家聊得很開心說～
啊～是喔！
總覺得麻美在LINE上面不愛說話。
嗯……
其實只是因為我沒在看大家都有看的電視劇而已。
唉唷～
我只是擔心麻美跟大家交不成朋友而已嘛……
那還真是抱歉。

森田　全名為森田麻美，個性冷靜且重視自我感受。十分熱愛睡眠。

深澤　開朗有元氣的開心果。會馬上把心中想到的事情說出來。

# 問題出在哪裡？

很多人會在LINE上面建立聊天群組，和自己的好朋友分享共同的話題。這種功能雖然可以讓朋友間輕鬆的談天說地、方便保持聯絡，然而卻有一些缺點。最常出現的狀況就是「已讀不回」，以及「把時間浪費在自己不感興趣的話題上」。

對現代人而言，LINE這種軟體確實可以和朋友加深感情，另一方面卻也常常會讓朋友間的關係變得越來越緊張。雖然你並不想一一回應訊息，但是只要看過一次訊息後，就會因為這個軟體，而產生自己必須回應對方的壓力。甚至怕因為自己已讀不回，而被朋友們踢出群組，讓自己在人際關係中邊緣化。

面對這個問題，你覺得該怎麼辦？

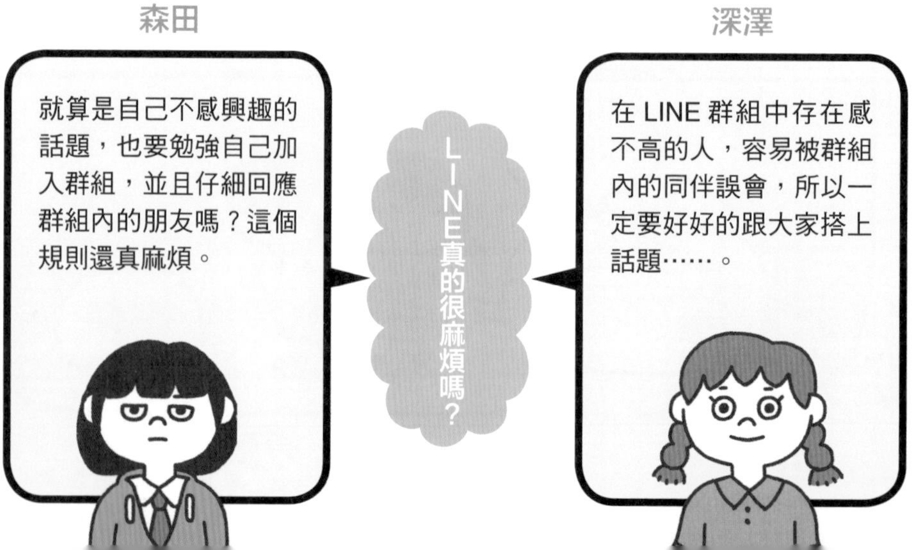
LINE真的很麻煩嗎？
深澤
在LINE群組中存在感不高的人，容易被群組內的同伴誤會，所以一定要好好的跟大家搭上話題……。
森田
就算是自己不感興趣的話題，也要勉強自己加入群組，並且仔細回應群組內的朋友嗎？這個規則還真麻煩。

# 你會怎麼想？

※請在此處的空格，寫出你的想法。

我贊成

的理念

原因是



來看看大家的想法吧

# 聽聽大家的想法

要是覺得加入聊天群組，會造成自己的負擔，那就別勉強自己加入。

事情沒那麼簡單，對有手機的人來說，沒有透過 LINE 跟朋友交流，就像是沒有朋友一樣。

就看你要不要勉強自己用 LINE 聊不感興趣的話題，或是乾脆沒朋友。這確實是很困難的抉擇。

要是有自己感興趣的話題，就會想使用 LINE 了……。

※ LINE
使用於手機等各種數位媒體的聊天 App，可以透過聊天室功能、電話和他人交流。

※ LINE 的聊天群組
以在 LINE 上面同時 3 名以上的成員在聊天室中即時聊天。

既然這樣，那在學校跟大家說明清楚不就好了？例如：「我不想參與自己不感興趣的話題。」

但或許就是因為這種態度，才會讓自己和朋友們逐漸脫節。

若真的這樣發展的話，那也沒辦法啊。這代表彼此的關係也就只是泛泛之交而已。

也不必這麼輕易的跟大家疏離嘛。何不多花點心思安排，巧妙使用 LINE 跟人交流？

沒有必要勉強自己應付話題。
盡量配合人家聊天吧。
哎呀，怎麼辦才好呢？

和大家事先確定好聊天的規則或許不錯，例如用LINE的時間規定到晚上幾點為止。

是啊，如果可以整合聊天的方式，彼此間的交情就能更穩定。

## 聊天群組的好處

大家可以開心的聊著共通話題；
可以維持朋友們的關係並加深情誼；
不用管時間地點，可以即時聯絡。

## 聊天群組的壞處

如果不馬上回應，就會被責怪；
浪費做其他事情的時間；
即使對話題不感興趣，也必須應付他人。

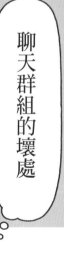

# 你覺得如何？

※請在此處的空格，寫出你的想法。

你覺得 LINE 的優點和缺點是什麼？

你覺得沒有使用 LINE，就沒辦法跟對方當朋友嗎？

# 在那之後……

就算沒辦法透過討論電視劇交朋友也無妨……。

OK!

拜託深澤另外建立專門聊電視劇的群組。

## 通訊工具的普及和問題

古時候相隔兩地的人，可以互相傳遞訊息的方法就只有寫信而已，後來開始演變為使用電話，然後再逐漸進步為使用傳統手機、簡訊。到了現代，任誰都可以隨時隨地和他人進行通訊。只要使用 LINE 之類的手機通訊軟體，你就能輕易把訊息傳遞出去，不過，這種嶄新的通訊手法還是有不得不遵守的規則。例如，這種通訊軟體的的優點，是使用者能即時聊天，所以有時會遇到對方要求你必須立刻回應，結果就造成你的生活困擾。

看到了
就快回話。
要回應了沒？

**也思考以下問題吧**

最近 LINE 上面的朋友常常會說群組以外的人的壞話。我該怎麼辦呢？

# 6

# 老是要少數服從多數，意見常常居少數不就被邊緣了

青木 個性認真，但有些任性。希望自己以後可以成為領導者。

風間 從小就是青木的好朋友。小學時期就是個孩子王。

# 問題出在哪裡？

園遊會時每個班級都需要決定攤位的主題，當班上遇到要大家一起表決的議題，通常會利用投票來決定各種意見。

這個決定議題的方式視為民主主義概念的基礎。在社會、團體進行決策時，民主主義會要求大家互相溝通。當溝通後也無法下定論時，一般會以投票來決定結果。

例如，在議會設立法條時，議員會在陳述意見後，進行投票表決，並且在經過多數人的贊成後立法。但這並不表示少數人的意見就該被忽視。對於不一樣的意見，我們必須確實了解，並對其表示尊重，這是因為透過表決決定的意見，有必須遵守的強制力。所以，當班級必須彙整所有人意見的同時，也得尊重少數意見。那麼，我們要該靠什麼方法才能尊重所有人的意見，並且盡可能的實現？

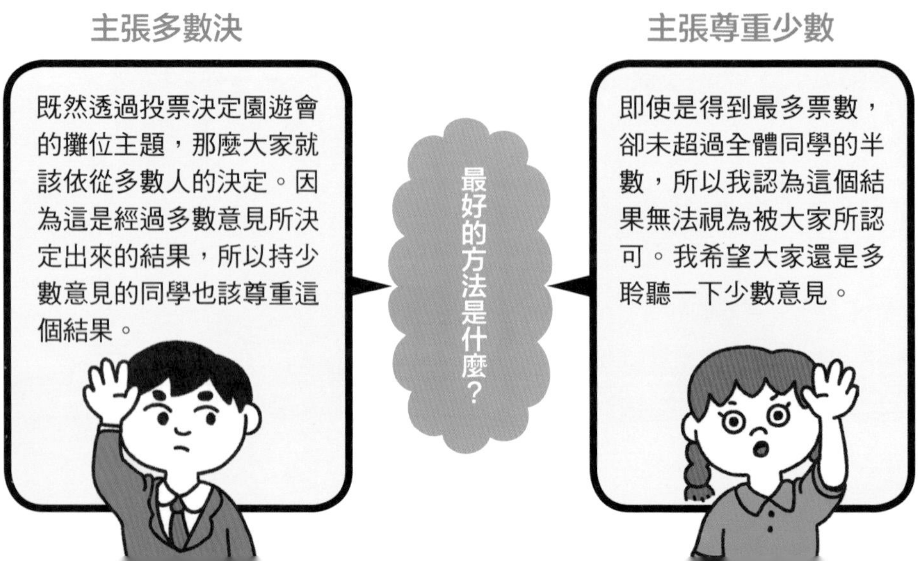
主張多數決
既然透過投票決定園遊會的攤位主題，那麼大家就該依從多數人的決定。因為這是經過多數意見所決定出來的結果，所以持少數意見的同學也該尊重這個結果。
最好的方法是什麼？
主張尊重少數
即使是得到最多票數，卻未超過全體同學的半數，所以我認為這個結果無法視為被大家所認可。我希望大家還是多聆聽一下少數意見。

# 你會怎麼想？

※請在此處的空格，寫出你的想法。

我贊成

的理念

原因是

來看看大家的想法吧

## 聽聽大家的想法

多數決的制度雖然不錯，但我認為在表決之前必須要確實做好溝通。

對啊，但是，屬於少數的一方在表決結果出來時，卻說雙方溝通不足，就等於是違反事前的規則。

所以這也表示進行多數決之前，真的要在各方面做好溝通。例如在需要表決數種意見的情況下，全體成員要先決定是否將單純得到**最多同意票**的意見作為結果，還是要將確實得到**過半數同意票**的多數意見當作結果。

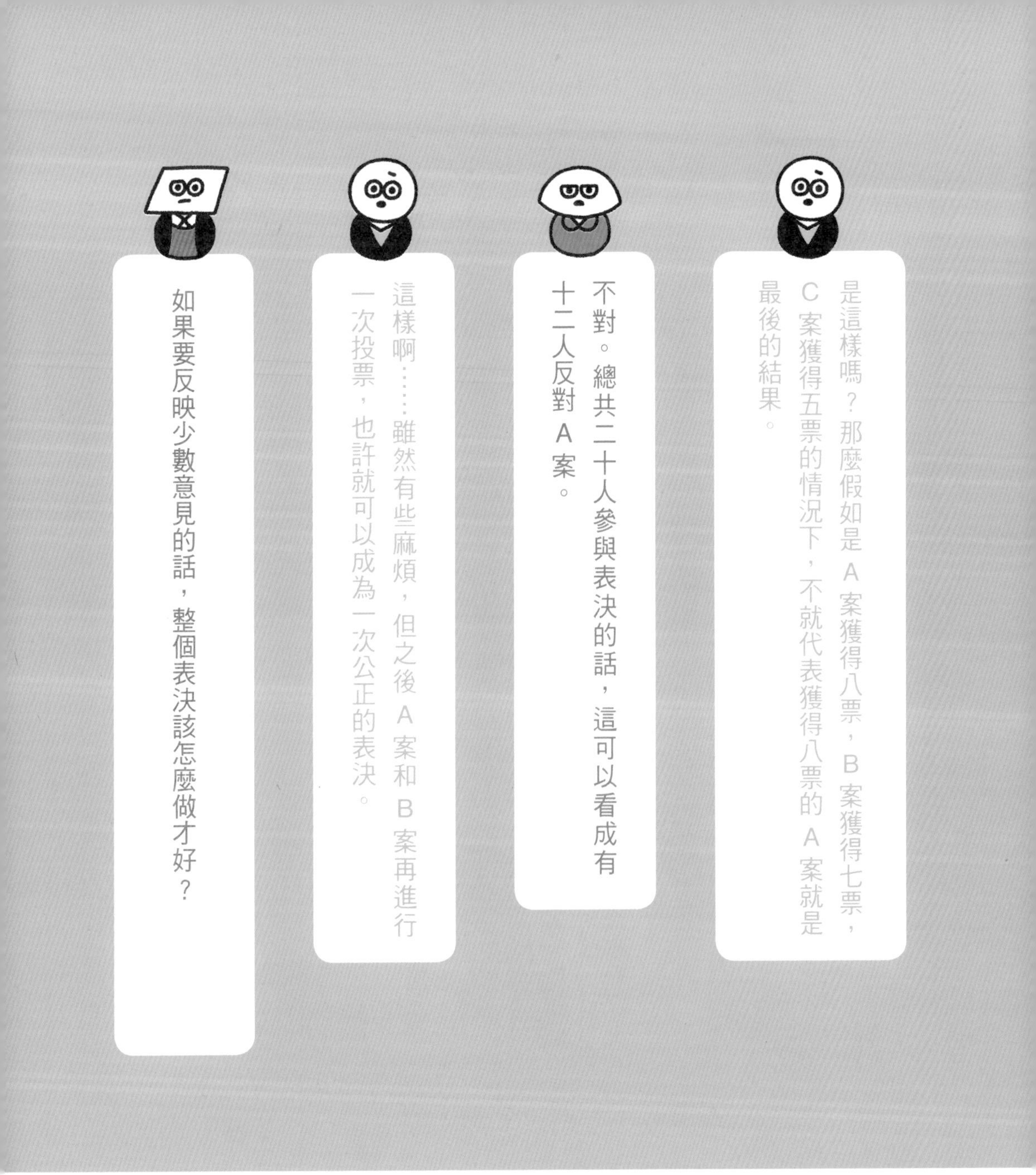
是這樣嗎？那麼假如是A案獲得八票，B案獲得七票，C案獲得五票的情況下，不就代表獲得八票的A案就是最後的結果。
不對。總共二十人參與表決的話，這可以看成有十二人反對A案。
這樣啊……雖然有些麻煩，但之後A案和B案再進行一次投票，也許就可以成為一次公正的表決。
如果要反映少數意見的話，整個表決該怎麼做才好？

再進行一次決選投票。
表決時記得要尊重少數意見。
可以將數種方案融合，形成新的方案。

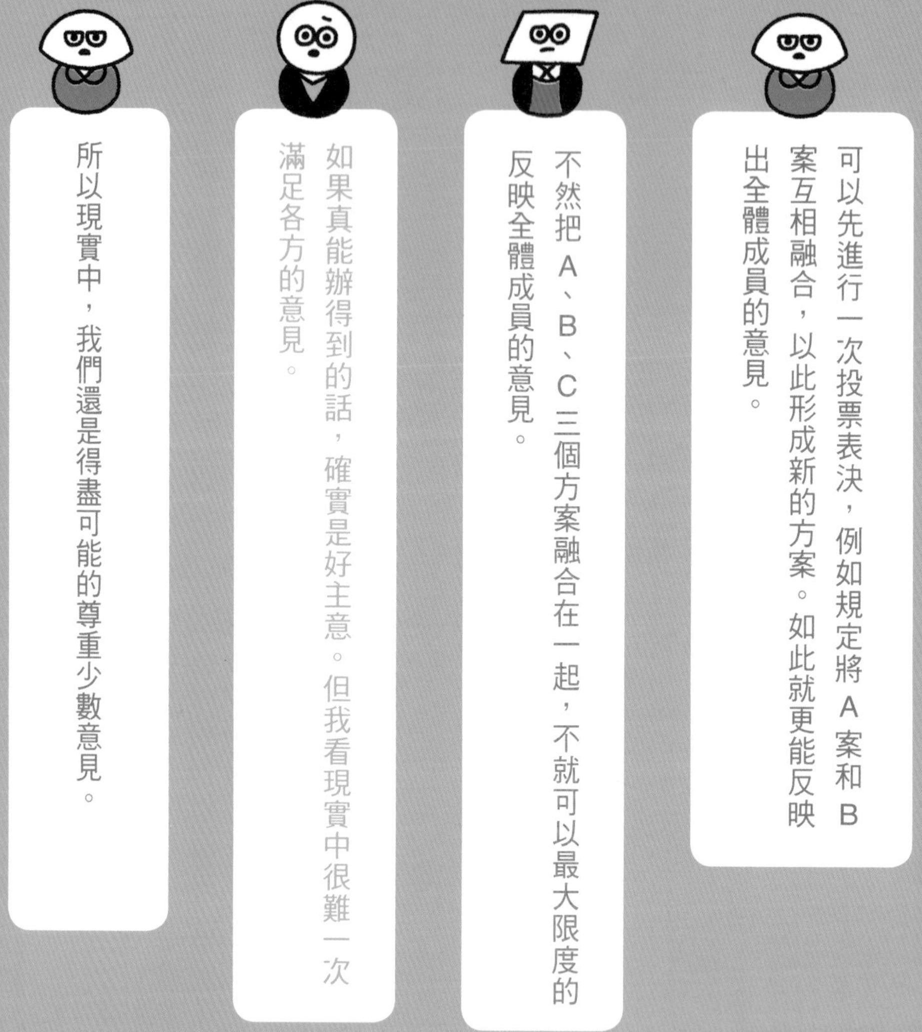
可以先進行一次投票表決，例如規定將A案和B案互相融合，以此形成新的方案。如此就更能反映出全體成員的意見。
不然把A、B、C三個方案融合在一起，不就可以最大限度的反映全體成員的意見。
如果真能辦得到的話，確實是好主意。但我看現實中很難一次滿足各方的意見。
所以現實中，我們還是得盡可能的尊重少數意見。

進行多數決的方式…

①需要表決 A 案、B 案、C 案時

↓

A 案…8 票

B 案…7 票

C 案…5 票

A案無法通過

雖然 A、B、C，3 案表決時，A 案的投票數較多，但以 A 案和 B 案決選投票後，或許 B 案得票數可以遠超過 A 案。

②以決選投票決定

↓

A 案…9 票

B 案…11 票

在開票結果中，A 案的得票結果不像最初投票那樣屬於最多數，因此最後通過的是票數過半數的 B 案。

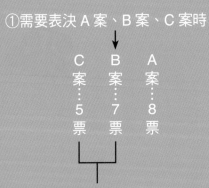

# 你覺得如何？

※請在此處的空格，寫出你的想法。

你認為多數決有何問題？

想讓自己的意見受到班上同學認可時，你要怎麼做？

# 在那之後……

鬼屋章魚燒
150元
一盒6顆
那邊人真多…
好像是〇班的攤位。
設置了前所未見的獨特攤位。

## 直接民主制和間接民主制

獨裁未必是實施政策的正確方法

所謂的獨裁，就是由特定的個人和集團單方面決定國家政策。然而獨裁政權的領導者未必可以實施正確的政策，歷史上有許多人因為這種統治方式而苦不堪言，因此在現代，有許多國家以民主制度作為實施國家政策的方式。

根據民主制度決定事物的概念，基本上為和全部成員共同商議政策，而這也就是所謂的直接民主制。但現實中很難召集國家內所有人民一起討論政策，因此國家透過選舉選出民意代表（議員），讓民意代表在議會中討論政策。這種決定國家政策的方式則稱為間接民主制（又稱為議會民主制、代議制度）。

**也思考以下問題吧**

雖然班上所有同學已經透過多數決決定結果，但因為老師堅決反對而駁回表決結果。像這種情形，學生只能悶不吭聲嗎？

# 7

# 讓霸凌者成為被霸凌者，才叫正義

田中　在班上是個不太顯眼的同學，思考事情時會變得不太愛說話。

真鍋　思考任何事情時都能馬上理解，常常思考自己及周遭人的事情。

# 問題出在哪裡？

雖然大家都知道必須杜絕霸凌事件，但遺憾的是我們難以根除霸凌行為。在學校、團體生活中，有些霸凌者本身沒有「自己就是霸凌者」的自覺。此外，人們看到身邊出現霸凌行為時，通常會產生「不想扯上關係」、「多管閒事的話，說不定也會害自己被霸凌」的想法，而對他人的霸凌行為視若無睹。

至於被霸凌者則是會出現「找老師幫忙，也許情況更糟」、「不想讓雙親擔心」等想法，而陷入無法求助他人的狀態。

不過，霸凌者也有可能會轉變為被霸凌者。因為部分被霸凌者抱持著以牙還牙的心態，反霸凌回去，但是這種想法真的正確嗎？還有，以牙還牙真的能就此消弭霸凌事件嗎？

你接受對霸凌者以牙還牙的觀念嗎？
風間
霸凌的加害者會被人針對，也是無可奈何，畢竟這是自己所造成的結果。
田中
嗯……。
豐井
對霸凌者以牙還牙也無法根除霸凌問題，而且我覺得這樣會讓我的心情很不好受。

# 你會怎麼想？

※請在此處的空格，寫出你的想法。

我贊成

的理念

原因是



來看看大家的想法吧

## 聽聽大家的想法

沒有霸凌事件的話，我們也不用在這邊討論這個問題。

但現實中真的存在霸凌問題，就算告訴老師也難以解決。

用霸凌對待霸凌者，就可以讓對方知道霸凌是不對的行為。

但這樣真的可以解決問題嗎？
我看只是產生另一起霸凌事件吧。

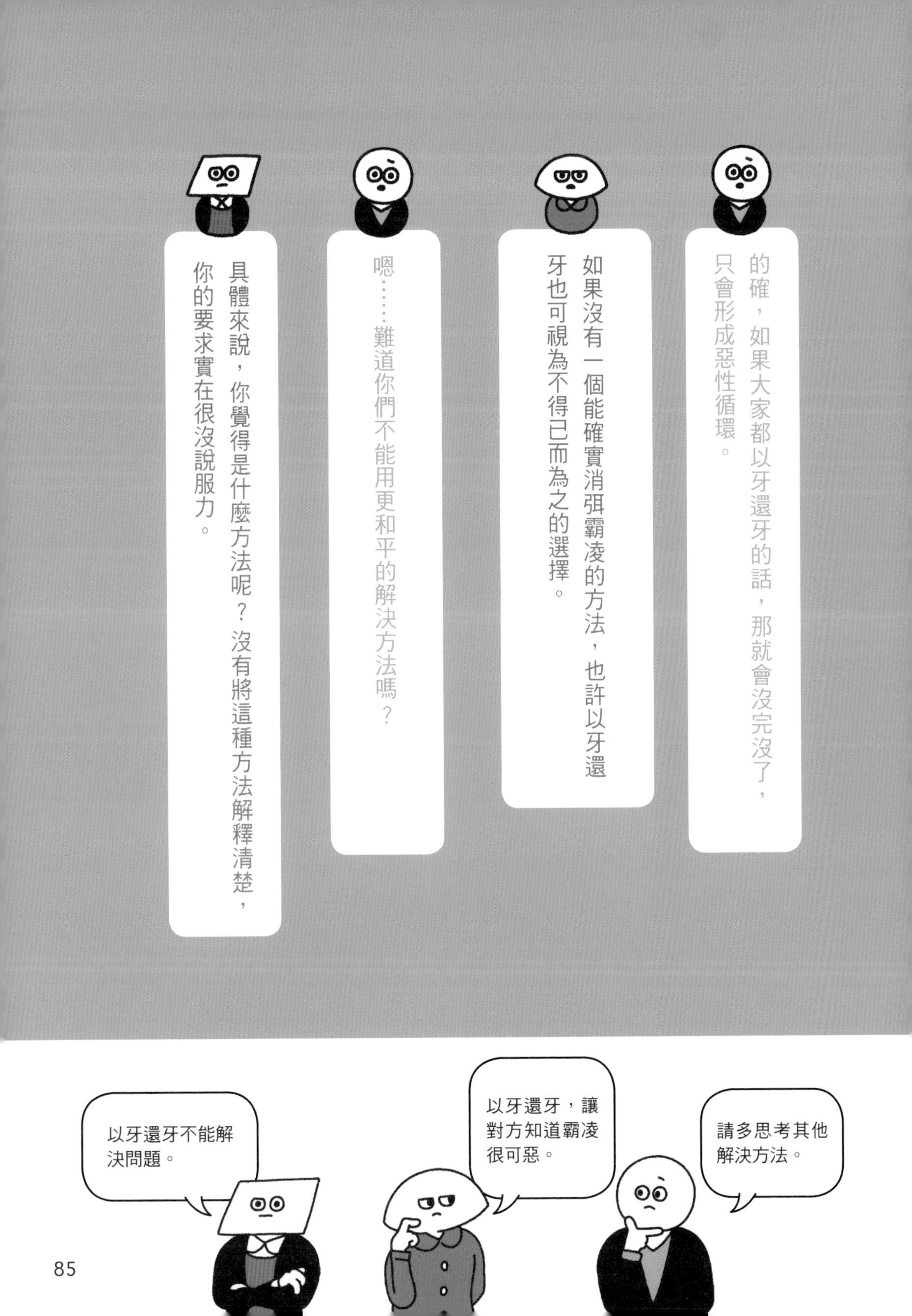
的確，如果大家都以牙還牙的話，那就會沒完沒了，只會形成惡性循環。
如果沒有一個能確實消弭霸凌的方法，也許以牙還牙也可視為不得已而為之的選擇。
嗯……難道你們不能用更和平的解決方法嗎？
具體來說，你覺得是什麼方法呢？沒有將這種方法解釋清楚，你的要求實在很沒說服力。
以牙還牙不能解決問題。
以牙還牙，讓對方知道霸凌很可惡。
請多思考其他解決方法。

如果是告訴班導也沒辦法解決的問題，那就找其他老師、大人，並且請他們幫忙想辦法解決，你們覺得怎樣？

如果不想以牙還牙，這就是最好的方法。

比起只有自己一個人煩惱、沒辦法解決問題，持續尋求他人的協助確實會比較妥當。

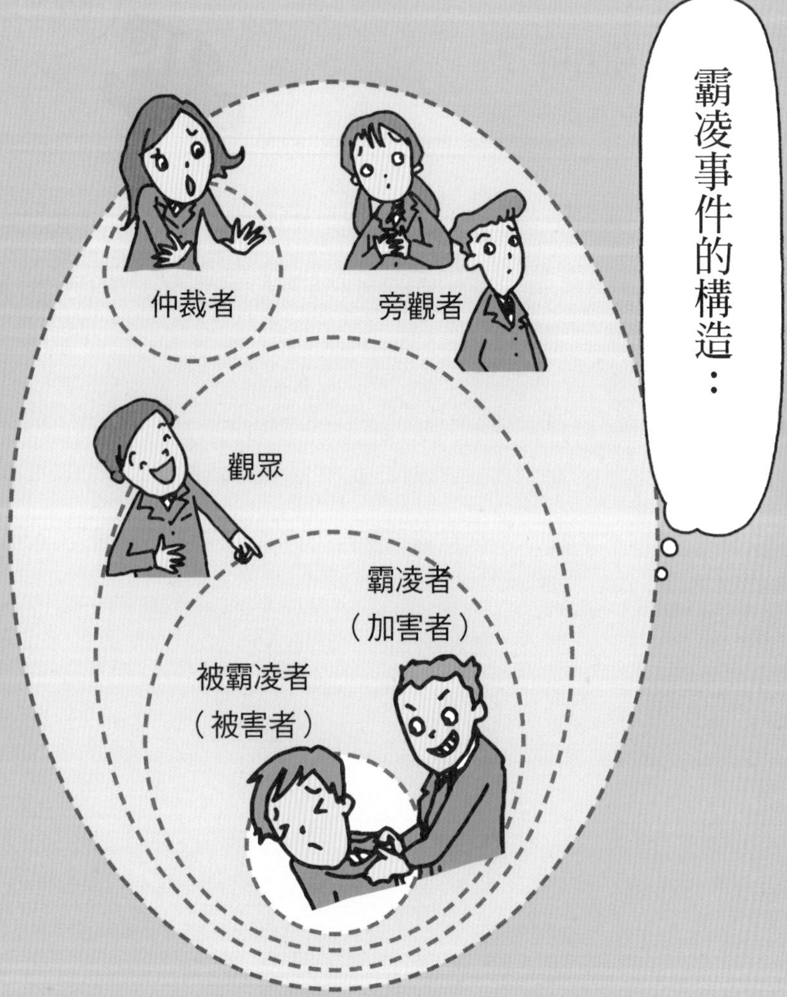


以霸凌的方式反過來對霸凌者復仇，就會使原本的加害者轉為被害者，而被害者則是轉為加害者。

# 你覺得如何？

※請在此處的空格，寫出你的想法。

你覺得對霸凌者以牙還牙是理所當然的行為嗎？

看到霸凌事件時，你會怎麼做？

# 在那之後……

可以幫我拿一下東西嗎？
好

嗯～～～～～

不拘泥於他人的看法，試著跟真鍋一起做班上的工作，並且跟真鍋溝通。

## 以牙還牙是錯誤的行為嗎？

現代社會
不允許
以牙還牙

古時候的人們習慣在受到他人的攻擊時，用相同的手法回應對方，所謂的復仇就是這種模式。例如，孩子為了要了結殺害雙親的仇恨，日後也會選擇殺害仇人，這種方式在古代甚至還會成為一樁美談。

但是，我們身處在一個法治國家，犯了罪的人就必須先經過審判，接著予以制裁，如此才符合公平正義的思維。因此，以牙還牙的觀念已經不是現代社會容許的行為。

**也思考以下問題吧**

若被霸凌的同學也會霸凌其他同學，我該如何是好？

# 8 不去上學，是抵抗霸凌的正確方法嗎？

**真鍋** 思考任何事情時都能馬上理解。
在學校發生不愉快的事情時，常常會暗自咂嘴。

## 問題出在哪裡？

電視節目中，教育評論家認為受到霸凌的學生，可以將不去學校當作是一種反制霸凌的方式。這種不去學校上學的方法，是以保護珍貴的生命作為前提，避免自己因為霸凌而產生輕生的念頭。

但是，這畢竟是來自第三者的看法，對於被霸凌的當事者來說，只不過是他人隨口說出的意見。

被霸凌者不去上學的話，可以預想到被霸凌者放棄自己的受教權。求職時，還會因為自己肄業，而難以找到工作。此外，日後也難從學校之外的地方獲得必要知識和技術。

因此，對當事人而言，不去上學反而會讓自己遭遇更痛苦的後果，這樣看來，提倡「不上學來反制霸凌」的教育評論家需要多審視自己的觀點，檢討自己是否有考量到學生的立場。

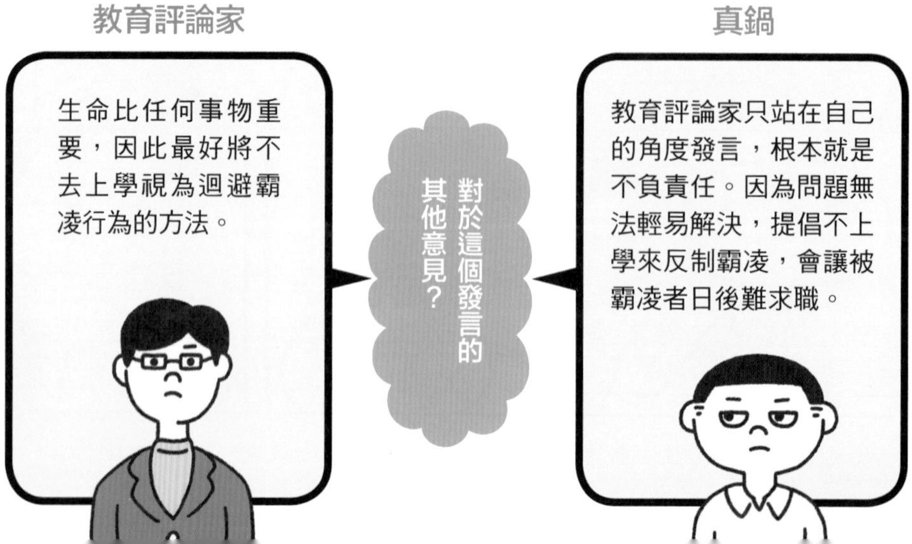
教育評論家
生命比任何事物重要，因此最好將不去上學視為迴避霸凌行為的方法。
對於這個發言的其他意見？
真鍋
教育評論家只站在自己的角度發言，根本就是不負責任。因為問題無法輕易解決，提倡不上學來反制霸凌，會讓被霸凌者日後難求職。

# 你會怎麼想？

※請在此處的空格，寫出你的想法。

我贊成

的理念

原因是



來看看大家的想法吧

# 聽聽大家的想法

有件事挺讓人難過，那就是日本社會一直以來，無法完全消弭青少年因為霸凌而自殺的事件，還被媒體大肆報導。

霸凌是絕對要禁止的行為，面對霸凌，要思考自殺以外的解決方式。

首先，我們要討論的是教育評論家所提出的意見，是否真的是較為適當的方法。

那樣會不適當嗎？我覺得那個意見算是很中肯……。

嗯……就現實而言，如果被霸凌者繼續上學，最後可能還是會演變成以自殺收場。

但不去上學會對自己產生壞處也是事實，所以提出不上學的意見，或許真的有點不負責任。

要是教育評論家能補充說明「就算不去學校，還是有別種方法可以學習」的話，或許會更有說服力吧？

上學這件事對青少年來說，其實不像是義務，而是一種權利。至於讓孩子享有受教權，就是監護人應盡的義務。

學校不是一切。
還是多思考如何去學校學習。
何不向教育諮詢機構尋求協助？

父母還是會希望孩子能到學校學習吧？

學校並不代表一切，學校以外的世界更廣大，也有更多值得學習的事。

但人們還是會希望盡量到學校學習知識。

其實，提供知識學習的對象不只有家人或學校，前往教育諮詢中心，也許可以找到解決這個問題的線索。

反霸凌申訴專線

校園反霸凌專線

0800-200-885

（說出煩惱吧）

---

衛生福利部 24 小時安心專線

0800-788-995

張老師專線

1980

# 你覺得如何？

※請在此處的空格，寫出你的想法。

對於教育評論家的意見，你的想法是

不去學校上課的壞處是什麼？

# 在那之後……

我可是
很喜歡你喔！
幹嘛突然這樣，
說那種打馬虎眼的話。
開始尋找轉學等較為具體的解決之道。

## 不去學校上課後的選擇　（適用日本）

雖然在學校上課是很重要的受教模式，但有些學生基於各種原因無法在學校上課。雖然日本法律要求監護人必須讓孩子在學校接受國中為止的義務教育，不過視狀況而定，可以允許孩子在學校的保健室上課。如果因霸凌問題而無法上學，也會准許學生辦理轉校。國中畢業後，也可以選擇一年只有幾天上學時間的通信制高中。另外，即使沒有上學也能接受跟高中畢業同等級的學力測驗（高等學校畢業程度認定測驗），只要分數達到標準就可以參加大學聯考。

有的學校
可以在
保健室上課

**也思考以下問題吧**

上學是為了什麼？
要如何鼓勵不想上學的朋友來學校呢？

# 什麼是思想實驗……？

你聽過思想實驗嗎？這跟大家在學校上的理化實驗課不同，不需要使用任何材料和道具，只要動動腦就能進行。像本書中所有作為例子的主題，其實也可以稱為思想實驗。

有一項被稱為「有軌電車難題」的思想實驗。這個思想實驗非常有名。雖然這種問題設定不太可能會出現在現實當中，但是在思考的過程中，可以更深入探討正義到底是什麼。

## 問題

採礦車的鐵軌故障了！而且採礦車行經的路線上有五名維修人員。如果放任不管，五名維修人員將會因此死亡。不過，在你的身旁有一個可以切換軌道路線的拉桿，你只要使用拉桿改變路線，就可以拯救讓五名人員。但改變路線後，你將會犧牲一名在該路線上的維修人員。現在，你覺得自己該不該使用那個拉桿呢？

※這個問題所設定的條件是，即使你大聲警告維修人員，他們都聽不到你的叫喊聲，而且他們也無法離開鐵軌。你除了選擇是否拉動拉桿之外，什麼事都不能做。

對於這個實驗的解答，有較多人選擇拉下拉桿改變軌道路線。理由是因為比起五名維修人員因此死亡，只有一人死亡的選項會犧牲較少人的生命。

而選擇不拉下拉桿的人，無法認同自己必須透過拉下拉桿，犧牲原本不會死亡的那名維修人員。

選擇拉下拉桿的人，其想法是基於英國哲學家邊沁的效益主義中的「最大多數的幸福」（犧牲少數人，創造多數人社會的幸福）思想的選擇。也就是說，五個人的生存比起只有一個人生存還要幸福。

而與此思想相反的則是德國哲學家康德所提出的康德義務主義：「人格（以理性生存的人類）應該視為目的，不該視為手段。」因此雖然拉下拉桿能拯救多數人，但不應該因此犧牲不相關的人（關於這兩種思想，詳見本書第一五四、一五五頁）。

# 第二章

# 家庭和社區裡的難題，如何思辨解答？

- 對於前途我要聽從父母的話嗎？
- 鄰居違反社區規定，我該加以糾正嗎？

# 9

# 作業、報告做不出來，找人代工或上網複製貼上，以免零分

深澤　開朗有元氣的開心果。在念書方面有點不在行。

豐井　全名為豐井千里，在家裡很愛跟長輩撒嬌。無法認同走偏門的方法。

# 問題出在哪裡？

當學生放長假時，學校通常會出很多作業。例如讀書心得、自由研究報告、做家事等。或許學生會覺得這些回家作業耗時又費力，靠自己根本沒辦法完成，到最後，只能靠家人幫忙完成全部作業、又或是上網照抄資料（將資料複製貼上）。甚至，最近還有標榜代客寫作業的業者，間接造成學生藉此偷懶。

原則上作業必須要靠自己完成，即使來不及完成，依賴他人完成作業、上網照抄資料仍是不可取的行為。確實，在繳交作業時，只要不說明完成的過程，老師就不會知道作業是否靠他人完成。因此，比起交不出作業而被老師罵、讓學業總成績變得很難看，或許這麼做會聰明得多。

那麼，你覺得怎麼辦才好呢？

深澤
雖然知道不能照抄網路上的資料，但起碼有努力調查過網路上有什麼資料適合完成作業。
不靠自己寫完作業的理由……
豐井
雖然是讓哥哥幫忙完成作業，但至少是靠自己動手寫作業。

# 你會怎麼想？

※請在此處的空格，寫出你的想法。

我贊成

的理念

原因是


來看看大家的想法吧

## 聽聽大家的想法

雖然我覺得找人幫忙寫作業很不可取，但稍微想一下後，卻又不知道為什麼不可以。

因為那是屬於作弊行為，不是靠自己完成。

全部都丟給別人完成確實不可取，但我認為請別人幫忙完成一小部分作業，好過完全沒有寫作業。

你是說這是程度上的問題嗎？那你覺得要幫到什麼程度才可以接受。

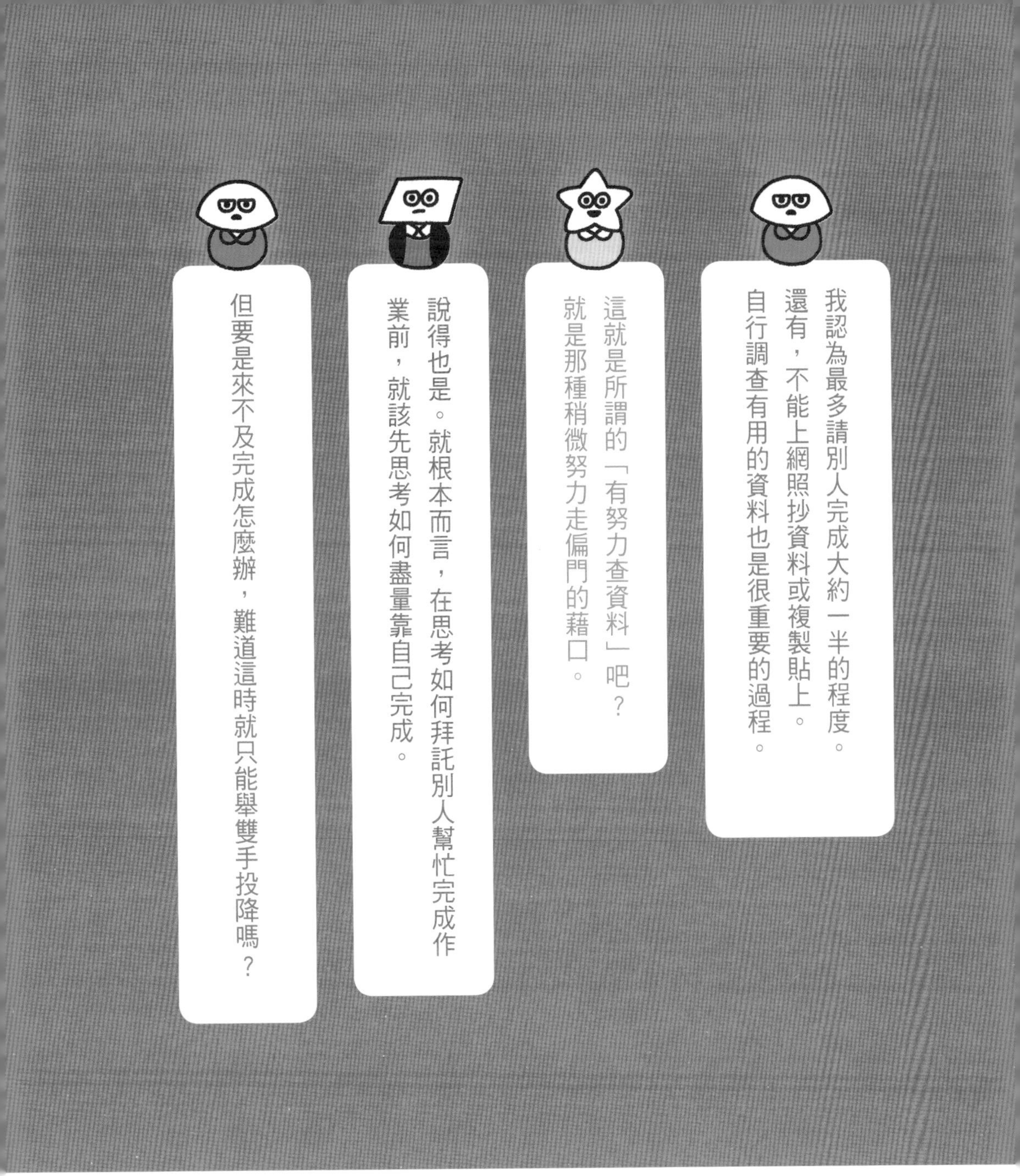
我認為最多請別人完成大約一半的程度。
還有，不能上網照抄資料或複製貼上。
自行調查有用的資料也是很重要的過程。
這就是所謂的「有努力查資料」吧？
就是那種稍微努力走偏門的藉口。
說得也是。就根本而言，在思考如何拜託別人幫忙完成作業前，就該先思考如何盡量靠自己完成。
但要是來不及完成怎麼辦，難道這時就只能舉雙手投降嗎？

不應該找人幫忙寫作業。
可以接受幫忙完成一半的程度，總比完全沒寫來的好。
最小限度的請人幫忙也無妨。

我覺得既然盡自己最大的努力還是做不完時，也只能就這樣交作業了。

這樣很可能會被老師罵。乾脆以最小的程度請別人幫忙完成作業，或許才是最好的做法。

不對，完成作業並非學校出回家作業的目的，重要的是讓學生可以靠自己的能力完成工作。

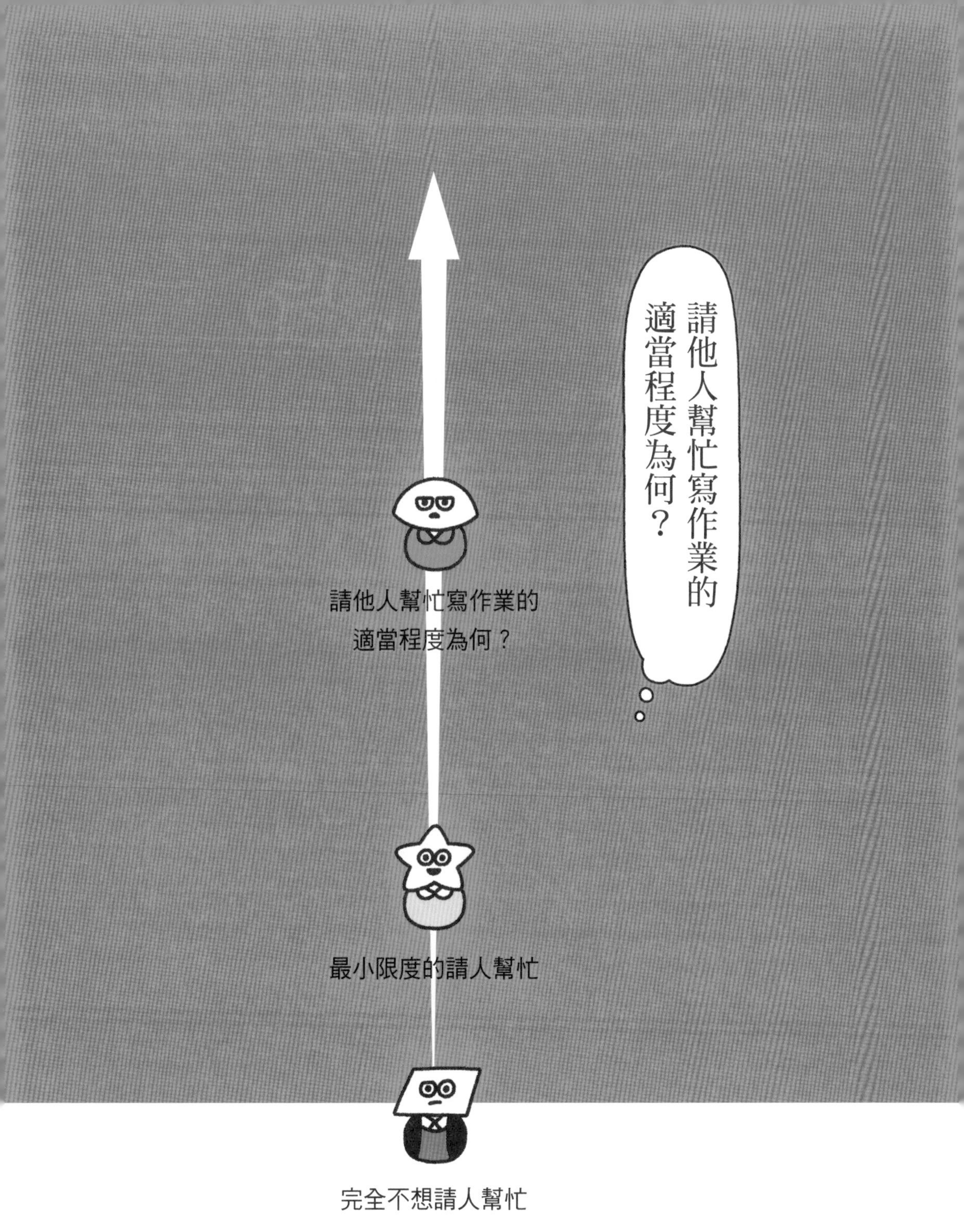
請他人幫忙寫作業的適當程度為何？
請他人幫忙寫作業的
適當程度為何？
最小限度的請人幫忙
完全不想請人幫忙

# 你覺得如何？

※請在此處的空格，寫出你的想法。

你贊成請別人幫忙寫作業嗎？

如果贊成的話，你允許用什麼樣的方式幫忙寫作業？

# 在那之後……

找人幫忙寫功課的不安感讓我感到有點討厭。
靠自己吧～
靠自己了…
就算最後無法將作業全部完成，
還是想靠自己的實力寫作業。


## 為什麼學校會出回家作業呢？

很多人批評學校作業太多，回到家後什麼事情都不能做。但出回家作業是希望學生能複習課程內容，並且在經過吸收、理解後成為學生自身的知識。

還有，同時也訓練學生可以自行安排學習時間，以及幫助學生養成主動學習的習慣。

日本的文部科學省認為，只有自己寫作業才能達到以上的效果，因此禁止學生尋求代寫作業業者的幫助。

**也思考以下問題吧**

學校跟補習班的作業，哪一個要優先處理？

# 10

# 對於前途，我要聽從父母的話嗎？

濱田　最近退出社團活動，開始當起電玩遊戲的直播主。
直播頻道現在有 23 名訂閱者。

# 問題出在哪裡？

對於將來要從事的工作，孩子往往會跟雙親的意見相左。在前一頁的例子中，我們可以看到喜歡玩電玩的濱田想成為電競選手，卻遭到母親強烈的反對。

國中生已經開始有強烈的自我意識，所以不會老實的將父母的話聽進去。這個時期被稱為（第二次）叛逆期（按：臺灣同齡孩童則是第三次叛逆期），因為獨立心態的成長，在行為上會反對雙親或長輩的價值觀。

對濱田的母親來說，即使成為電競選手是孩子的願望，她還是不希望自己的孩子選擇難以實現而辛苦的志願。

還有，母親也認為孩子只需要乖乖聽話就夠了，就算濱田再怎麼想實現自己的願望，但考量到生活費、學費，想成為電競選手的確是很困難的事。不過，即使和自己的想法有衝突，但雙親的意見也不一定都是正確的。

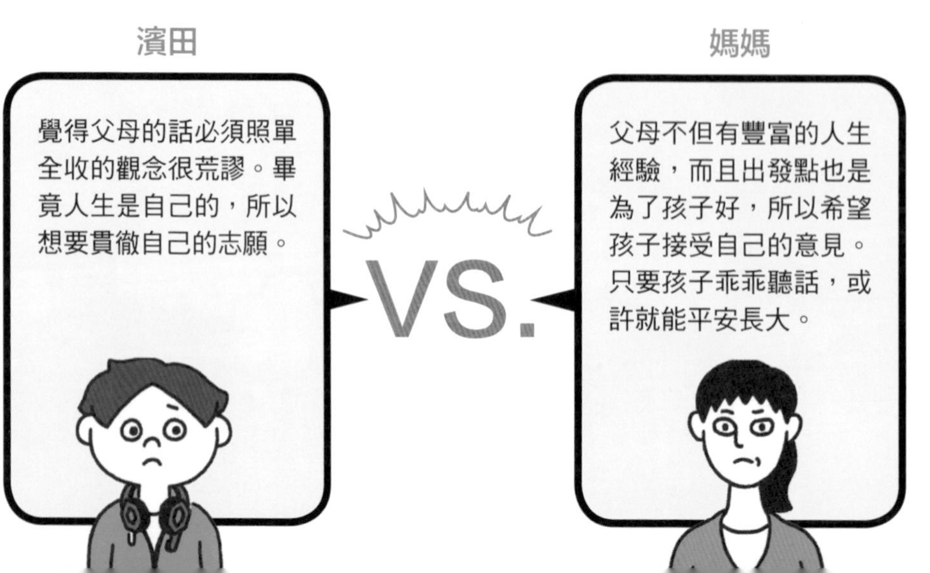
濱田
覺得父母的話必須照單全收的觀念很荒謬。畢竟人生是自己的，所以想要貫徹自己的志願。
VS.
媽媽
父母不但有豐富的人生經驗，而且出發點也是為了孩子好，所以希望孩子接受自己的意見。只要孩子乖乖聽話，或許就能平安長大。

## 你會怎麼想？

※請在此處的空格，寫出你的想法。

我贊成

的理念

原因是



來看看大家的想法吧

# 聽聽大家的想法

就算是父母的意見，我認為沒必要照單全收。但是，如果真的要按照自己的意志下決定，就要冷靜的說出自己的理由和可行性，如此才能說服父母。

雙親累積的人生經驗，通常都會比孩子還要多，雖然孩子只是單純言聽計從，但最後都能獲得良好的結果。

但不管父母怎麼說，人生還是屬於自己的，所以只要照自己的意思去做就對了，即使後來會失敗，也比較能看開。

但如果父母不願意出錢贊助學費之類的費用又該如何？

我認為可以一邊工作一邊上學。如果是要靠自己努力實現夢想，那就該好好面對經濟問題。

如果需要做到這樣，我看也是困難重重吧？比起會讓生活變得這麼辛苦，還不如多參考一下父母所提供的意見。

國中生對於職業的認識，想必不會比父母還要了解。如果雙方在討論時感情用事，孩子就會變得全面否定父母的意見，導致雙方無法互相溝通。

對父母的話不需要照單全收。
選擇當聽話的乖小孩會比較好。
不聽話才是對的。

這是因為越是否定孩子的想法，孩子就會變得越固執。我覺得孩子這時應該仔細解釋，為何電競選手這種職業很有可行性。

雖然親子間的溝通有些困難，但若想把想法傳達給對方，坐下來好好討論才是最基本的方法。

沒錯，說不定雙方還能因此找出彼此都可以接受的解決之道。

孩子要順從父母的觀念，源自於中國的儒學教育觀。

## 當親子的意見對立時：

對於對方的意見

- 不可以接受 → 說服對方 → 雙方仍然無法配合時，就要改變溝通方式
- 接受其中部分的意見 → 彼此透過溝通，並尋求解決之道
- 可以接受 → 接受對方所說的意見

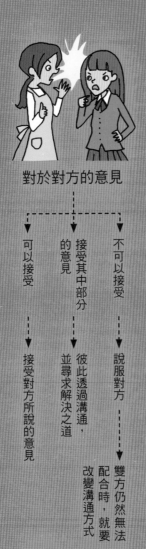

# 你覺得如何？

※請在此處的空格，寫出你的想法。

對於父母的話，你不想聽從的是什麼呢？

對於父母的話，你可以理解其用意嗎？

# 在那之後……

後來我看了很多相關影片……
我也思考了媽媽的感受……
我想一邊讀○○高中一邊成為電競選手。
就隨你的意思發展吧。
兩人先冷靜了下來，再開始溝通。

## 孩子和父母對於未來出路選擇的衝突

孩子的未來出路有時會成為許多家庭衝突的起源。對父母而言，孩子的將來就是天大的問題，所以常常會急於提供意見。如右表的調查結果所示，大多父母比較在乎孩子的收入、地位是否穩定，以及希望孩子可以從事對社會有貢獻的職業。

孩子想從事的職業（中學生・男）

1. 程式設計師
2. 醫師
3. 電腦工程師
4. 電競選手
5. 機械工程師
5. 職業運動員

孩子想從事的職業（中學生・女）

1. 麵包糕點師
2. 教師
2. 畫家／插畫家／漫畫家／電腦動畫
4. 醫師
4. 歌手／演員

希望孩子從事的職業（父母）

1. 教師
2. 公務員
3. 醫師
4. 會計
5. 律師

（摘自國語日報2019兒少大未來問卷調查〔中學生組〕少年選職業重務實懂分析、網路資料）

**也思考以下問題吧**

開店的父母要我「別念書，快到店裡幫忙」時，我該怎麼辦？
我等一下就要看電視節目了，但父母要我去跑腿買東西時要怎麼辦？

# 11

# 爸媽給我的教誨，前後矛盾、言行不一

岡本  大家都知道她的暱稱是小愛。
內心常常覺得有些寂寞。

# 問題出在哪裡？

對於父親會視對象、場所而改變用字遣詞，孩子們往往會感到困惑。

例如小愛的爸爸曾經告誡她：「講話不可以太粗魯。」但爸爸在跟媽媽抱怨公司的主管時，會毫不客氣的說粗話。還有，小愛的爸爸也說過：「就算必須熬夜也要念書。」但看到小愛讀書到深夜時，卻又要求小愛：「快去睡覺。」小愛爸爸經常像這樣，說出很多自相矛盾的發言。

小愛已經是國中生，可以辨別他人言行當中的矛盾之處，因此常常對於爸爸自相矛盾的言行，感到不知所措。

面對爸爸自相矛盾的發言，小愛該如何是好？難道要直接指出爸爸現在說的話，和以前的主張互相矛盾，進而讓爸爸可以好好思考自己的言行嗎？還是姑且聽從那些話？

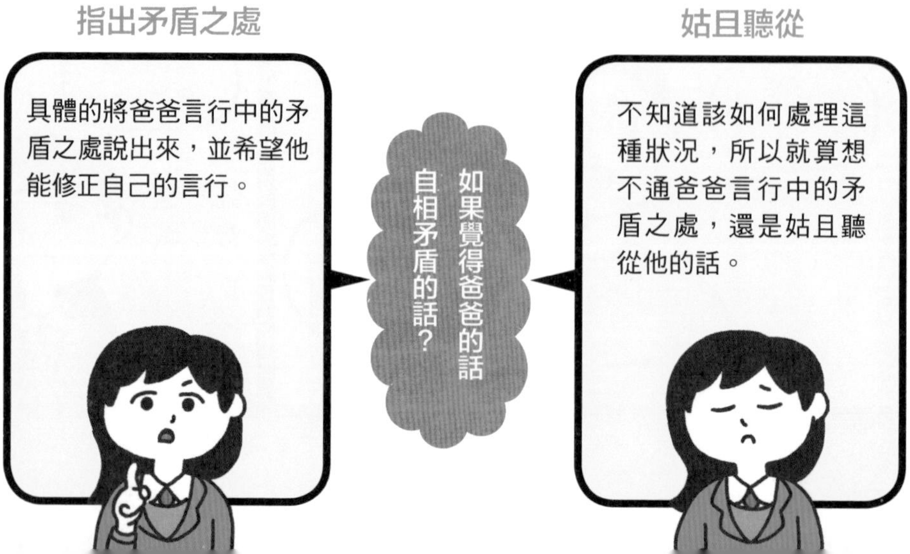
如果覺得爸爸的話自相矛盾的話？
指出矛盾之處
具體的將爸爸言行中的矛盾之處說出來，並希望他能修正自己的言行。
姑且聽從
不知道該如何處理這種狀況，所以就算想不通爸爸言行中的矛盾之處，還是姑且聽從他的話。

# 你會怎麼想？

※請在此處的空格，寫出你的想法。

我贊成

的理念

原因是



來看看大家的想法吧

# 聽聽大家的想法

我可以理解爸爸為何會跟媽媽抱怨有關主管的事情。因為當面跟主管講那些壞話，雙方的關係肯定會惡化。

平常對著孩子說不可以說粗話的爸爸，卻常常毫不在乎的說粗話，只會讓孩子感到難以認同。

最常見到的類似案例就是「說謊是不對的行為」，但父母卻會矛盾的以「謊言是很方便的工具」，來辯護自己的說謊行為。

其實身為父母也很難告訴小孩：「說粗話、謊話是難免的事。」因為這算是真心話和客套話，所造成的矛盾狀況。

但是，我認為至少要跟孩子說明大家並非時常將客套話掛在嘴邊。

是啊，父母常會一不留神就在孩子面前展現出自己的真心話和客套話，甚至還不覺得自己的言行前後不一。

孩子如果覺得父母的言行矛盾時，不如老實說出：「這樣很矛盾。」會比較好。

社會就是靠矛盾所構築。
就跟母親說出自己的意見吧。
覺得父母言行不一時，就要說出來。

要是不敢直接跟父親說這種話，可以將自己的想法告訴母親，並且請母親代為轉達。

親子間能像這樣用「真心話」溝通，其實也不錯。

這樣還蠻有趣的！

## 言行產生矛盾的原因…

說出真心話就會產生糾紛

因此學會看時機說
「真心話和客套話」

結果讓言行產生矛盾

# 你覺得如何？

※請在此處的空格，寫出你的想法。

你是否常覺得父母（大人）說的話會前後矛盾？

你覺得父母（大人）為什麼說話會前後不一？

# 在那之後……

我覺得爸爸講話
老是前後矛盾。

他從以前就是
這種個性了～
我就說吧！

先跟媽媽說
自己的感想。

## 會使用「真心話」和「客套話」的日本人

日本人話中
的真意，實
在很難捉摸
Oh～

日本人經常會視場面的不同，而使用真心話和客套話。這是因為人們不想因為太直接的發言，而傷害到彼此的感情，這可說是將客氣和謙虛視為美德的社會價值觀，所衍生出來的說話習慣。

但是，這種態度有時候會讓聽者思考：「這個人說出來的話，是否發自於內心。」還有，相對於外國人的直接表達，日本人的這種說話習慣常常會讓人摸不著頭緒。

**也思考以下問題吧**

爸爸跟媽媽說的意見不同時，我該怎麼辦？

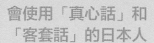

# 12

# 手足之間，年長還是年幼的吃香？

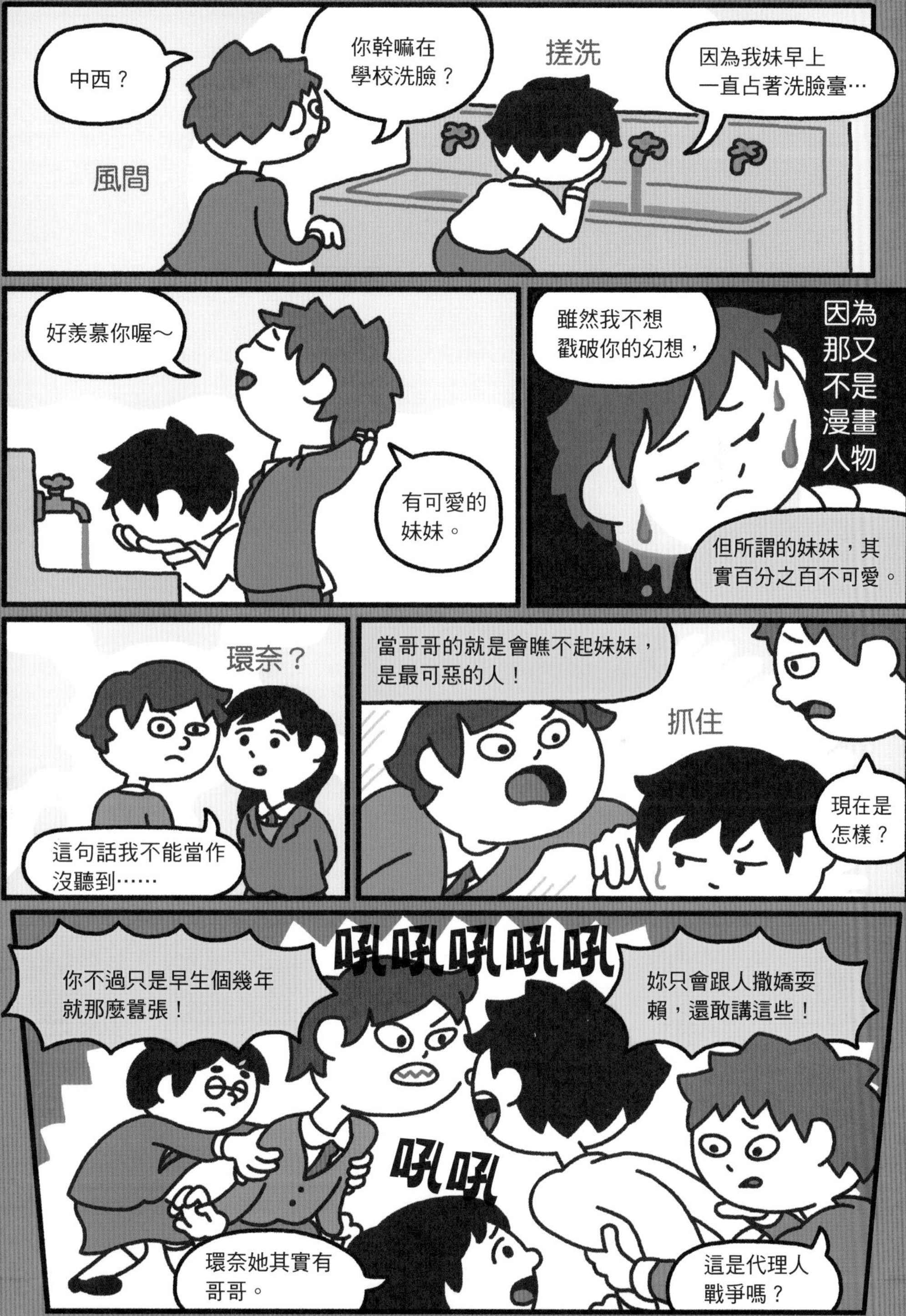
中西？
風間
你幹嘛在
學校洗臉？
搓洗
因為我妹早上
一直占著洗臉臺⋯
好羨慕你喔～
有可愛的
妹妹。
雖然我不想
戳破你的幻想，
因為那又不是漫畫人物
但所謂的妹妹，其
實百分之百不可愛。
環奈？
這句話我不能當作
沒聽到……
當哥哥的就是會瞧不起妹妹，
是最可惡的人！
抓住
現在是
怎樣？
吼吼吼吼吼
你不過只是早生個幾年
就那麼囂張！
妳只會跟人撒嬌耍
賴，還敢講這些！
吼吼
環奈她其實有
哥哥。
這是代理人
戰爭嗎？

中西  全名為中西信男，總是很疲倦的樣子。覺得自己的家人有些奇怪。

高田  全名為高田環奈，個性有些怕生。常會不小心用吵架的語氣跟人說話。

# 問題出在哪裡？

一般家庭中，手足間年齡通常相近，即使生活中互相扶持、照顧，多少還是會帶有競爭意識，有時甚至還會發生衝突。至於手足關係中，到底是年長的一方比較占便宜，還是年紀小的比較吃香，一直以來都沒有定論。

在前一頁的例子中，雖然風間很羨慕中西有個妹妹，但中西卻認為：「妹妹一點也不可愛。只要撒嬌耍賴，就會害身為哥哥的自己失去權益。」相反的，有哥哥的高田認為：「哥哥一直都用看不起的人的態度對待自己，很希望哥哥不要仗著年紀大就欺負人。」

手足之間，彼此常會覺得對方藉由年紀大或小的優勢，來爭取家庭中的地位，羨慕對方的立場。

那麼，你覺得手足之間，到底是年長的一方比較好，還是年紀小的一方比較好呢？

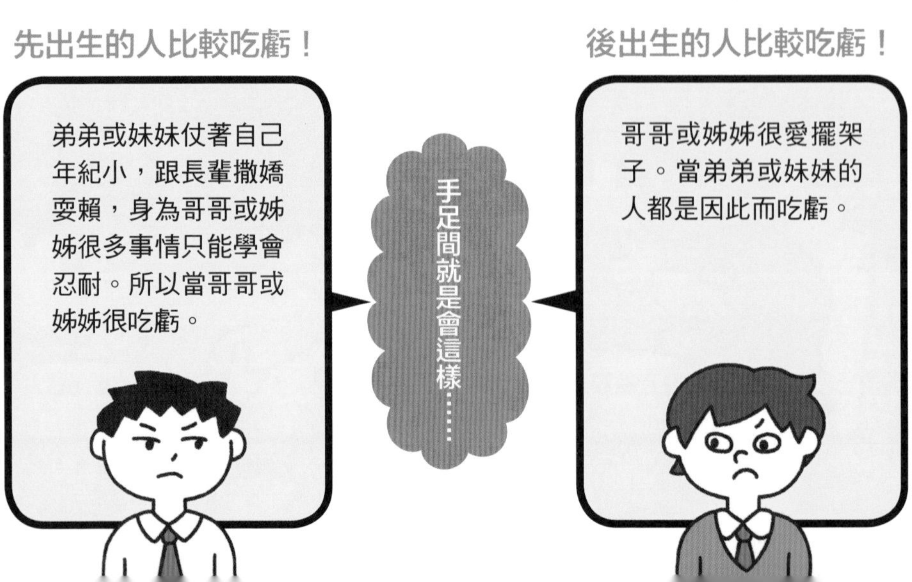
先出生的人比較吃虧！
弟弟或妹妹仗著自己年紀小，跟長輩撒嬌耍賴，身為哥哥或姊姊很多事情只能學會忍耐。所以當哥哥或姊姊很吃虧。
手足間就是會這樣……
後出生的人比較吃虧！
哥哥或姊姊很愛擺架子。當弟弟或妹妹的人都是因此而吃虧。

## 你會怎麼想？

※請在此處的空格，寫出你的想法。

我贊成

的理念

原因是



來看看大家的想法吧

# 聽聽大家的想法

先出生的人會覺得後出生的人比較吃香，反之亦然。其實就只是看不慣對方擁有自己所沒有的東西。

年長的一方在知識跟體能上，通常都會比弟弟妹妹還要好……。所以你們不覺得年長的人比較吃香嗎？

年幼的弟弟妹妹會有年長的哥哥姊姊陪伴，可以教功課、一起玩耍等。所以我認為年幼的一方比較好。

不管是年長還是年幼都有好處。相反的，他們各自也都有吃虧的地方。

是這樣嗎？兄弟姊妹吵架時，通常年長的一方會先被父母教訓：「身為哥哥（姊姊）怎麼可以這樣……。」

但是當弟弟妹妹的人也很吃虧啊。例如只能穿哥哥姊姊穿過的衣服、會被哥哥姊姊命令，打架時也打不過哥哥姊姊。

哈哈哈。當兄弟姊妹的人，不管是哪一方都會覺得自己比較吃虧。

基本上，如果任何一方真的有占到便宜，也不可能調換出生時間，花時間辯論這個問題，根本沒有意義。

應該是年長的人比較占便宜。
當弟弟妹妹也會有好處。
雙方都有各自的損益。

手足間吵架，不過是延長嬉鬧時間，算是彼此相處時的一種環節，或許我們真的不必那麼在意這個問題。

有的人會說，吵架就是感情很好的證明。不過，彼此間還是要學會互相包容、將心比心。

## 兄弟姊妹間常常會產生的現象

很多人都會說長子的性格會比較安分，次子以後通常會比較調皮，而老么則是很愛撒嬌。

兄弟姊妹常常會因為小事情而吵架。

## 獨生子的好處與壞處

好處

可以獨占父母的關懷跟點心。可以自由的一個人玩耍。

壞處

跟父母吵架時，會因為沒有其他人可以聊天。有時會覺得很寂寞。

# 你覺得如何？

※請在此處的空格，寫出你的想法。

你會覺得當哥哥、姊姊比較吃虧嗎？

你覺得當哥哥、姊姊，還是當弟弟、妹妹比較好？為什麼？

# 在那之後……

我是獨生女。
而我是三兄弟中的次子。

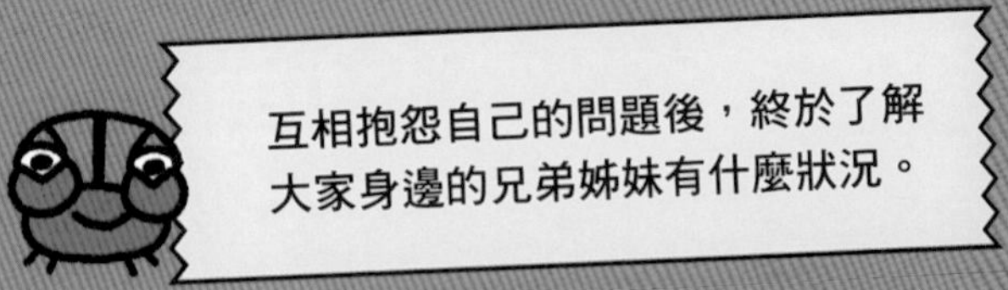
互相抱怨自己的問題後，終於了解大家身邊的兄弟姊妹有什麼狀況。

## 以前的家庭有很多兄弟姊妹

現在的日本，一個家庭裡，有 1 到 2 個孩子就算多了，但是到 1950 年為止，一個家庭有 4 到 5 個孩子是很平常的現象，甚至可以說孩子再多一點也不稀奇。而在這個情況當中，最年長和最年幼之間還會有 10 歲以上的年齡差距，而且最年長的人還必須常常負起照顧弟弟妹妹的責任。在兄弟姊妹數較多的家庭裡，他們就是在搶奪對方食物或東西的環境下長大。

平均一位女性在一生中所生產的孩子數量

1950年
3.65人
2017年
1.43人

**也思考以下問題吧**

身為三兄弟中的次子，會有什麼樣的體驗？
你覺得有兄弟姊妹會比較好嗎？

（按：根據臺灣內政部戶政司於2018年統計結果，總生育率為1.06%〔每位婦女平均一生只生一個小孩〕。）

# 13

# 鄰居違反社區規定，我該加以糾正嗎？

啊，是鄰居。
偷偷
摸摸
早安！
嘻嘻
？
快步跑走
丟垃圾日
一 二 三 四 五 六 日
可燃
不可燃
可燃
資源回收
丟垃圾日
丟垃圾的日子
是在明天……
嘻嘻
嘻嘻
嘻嘻
嘻嘻
覺得很
不高興

須賀

須賀是美術社的成員。
只要鄰居湊過來，就會開始被對方搭話。

# 問題出在哪裡？

須賀當場目擊鄰居隨意傾倒垃圾，按照社區的規定，可燃垃圾或資源回收垃圾本該在其他日子拿出來丟棄，或是在可丟棄垃圾的當天早上，將垃圾拿到集中處丟棄。

如果沒有在可丟棄的日子中丟垃圾，那麼垃圾集中處就會因為垃圾長時間堆積而產生惡臭，甚至吸引野狗翻找等造成公害，因此對路過、或是住在垃圾集中處附近的人們造成影響。

也許那位隨意丟棄垃圾的鄰居認為：「別人才不會在意這點小事。」但是，看到須賀當場發現自己亂丟垃圾時，還是不好意思的笑一下再匆匆離去。

那麼，須賀是不是該當面指出對方違規？但這麼一來，或許須賀跟鄰居間的關係會變得不好。在考量到這些方面後，須賀自己也不確定仗義執言會不會演變成錯誤的發展。

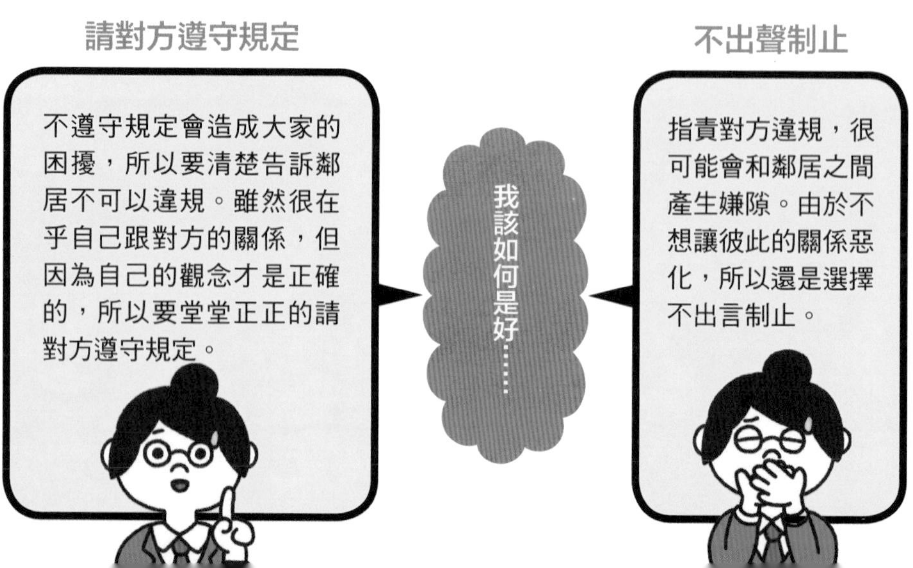
請對方遵守規定
不遵守規定會造成大家的困擾，所以要清楚告訴鄰居不可以違規。雖然很在乎自己跟對方的關係，但因為自己的觀念才是正確的，所以要堂堂正正的請對方遵守規定。
我該如何是好……
不出聲制止
指責對方違規，很可能會和鄰居之間產生嫌隙。由於不想讓彼此的關係惡化，所以還是選擇不出言制止。

# 你會怎麼想？

※請在此處的空格，寫出你的想法。

我贊成

的理念

原因是

# 聽聽大家的想法

既然鄰居有錯，就該直言不諱。而且還是被年輕孩子糾正，鄰居一定會好好反省。

成年人不見得會老實的將年輕人糾正自己的意見聽進去。雖然大家都認為正確的意見就該說出來，但是如果沒有拿捏好表達方式，跟鄰居間的關係就會產生裂痕，甚至還有可能會波及到家人。

如果害怕會得罪鄰居，那就乾脆不要糾正好了。須賀本人自己也不打算造成彼此間的困擾。

但這樣對違反規定的行為，無法達到改善作用。
有沒有什麼方法可以不用當面糾正呢？
寫一封糾正違規行為的信，然後再投進鄰居的信箱？
這種傳達訊息的方式也許不錯，可是對違規行為來說，只靠寄信恐怕沒用。

清楚講明對方做錯會比較好。
先思考有沒有其他方法。
當作沒看到就夠了。

這麼說也是有可能。你們覺得該怎麼辦？

例如跟父母討論，先看看有什麼方法可以糾正對方。又或者跟里民辦公室報告，請他們檢舉鄰居的行為。

如果要做到這種地步，那還不如假裝沒看到。

選擇默不吭聲的感覺才更不好受。起碼要想一個方法，可以不破壞關係，也能改善鄰居亂倒垃圾的行為。

# 社區規則的常見案例

規定垃圾丟棄日的
時間、地點。

使用鋼琴、吸塵器前必須
考量時間。

將寵物的糞便回收
並清理乾淨。

# 你覺得如何？

※請在此處的空格，寫出你的想法。

你會糾正違反規定的鄰居嗎？

除了糾正之外，想讓鄰居遵守規定，你會用什麼方法？

# 在那之後……

我果然還是很在意
違規行為。

好了
我看到了喔

為垃圾集中處製作宣導海報。

## 如何做好鄰居間的交流？

雖然發現鄰居違反規定時，會非常想要立刻糾正對方，但要是讓對方覺得自己被找碴，說不定會造成雙方的糾紛。因此，在出聲糾正對方時，要拿捏好說話的方式。另外，如果你是被糾正的人，就要好好反省自己是否在不經意間造成鄰居的困擾。

鄰居間就是
要互助合作

**也思考以下問題吧**

隔壁家的落葉總是會掉進我們家的庭院，我要如何要求對方改善這個狀況呢？
我們家門口被張貼「府上的電視音量太吵了」的單子。雖然自己並不覺得很吵，但這個問題我該如何解決？

# 關於「正義」的思想變遷

關於正義的探討，自古以來就是哲學（以理性思考人生和事物的學問）裡研究最廣泛的主題。在西元前五世紀，「哲學之祖」蘇格拉底曾說：「大眾所堅信的常識，並非適用於各種人事物，由於每個人想法的不同，反而更讓常識遠離真實。」他認為人應當隨時質疑常識。在經過時代變遷後，我們對現代的正義思考也逐漸成熟。所以接下來，我們來看一下前面第一〇〇頁曾提過的效益主義和「康德義務主義」。

蘇格拉底
（西元前469～西元前399）
古希臘

## 效益主義

最多數者的幸福
即是最大的幸福

傑瑞米·邊沁
（1748～1832）
英國哲學家

邊沁認為人類的本質就是追求安逸，避免痛苦，並且將能獲得安逸的行為稱為善行，感到痛苦的行為稱為惡行（效益主義）。還有他將獲得安逸的

做不滿足的人，
勝過做滿足的豬

約翰·史都華·彌爾
（1806～1873）
英國

彌爾反對邊沁將安逸數值化的想法。彌爾認為安逸不可以用量來統計，但是有質的差別。彌爾重視精神上的快樂，認為精神上的快樂

強度以數值表示，認為每個人幸福的總和越大，就越能創造出幸福的社會。而法律也必須基於這種想法制定（最多數者的幸福即是最大的幸福）。

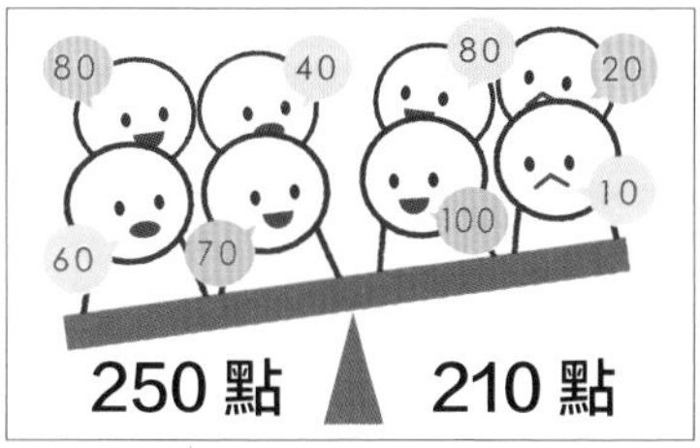
80
40
80
20
60
70
100
10
250點
210點

無法以量統計（質性效益主義）。

從彌爾的思想中，我們能稍微發現「做不滿足的人，勝過做滿足的豬」這句話的意義。

肚子好飽
好開心

## 康德義務主義

人格即為目的

**伊曼努爾・康德**

（1724～18042）

德國哲學家

康德認為真正的自由是從人類基於理性所訂立並自發性遵守的道德法則（自律）中獲得。康德認為道德法則是無條件的命令，具有普遍性，並且影響自己甚至是每個人。還有將這種自律性的自由作為主體的人則稱為「人格」。由於人格會成為人類尊嚴的根據，所以不把人視為手段，而是視為目的。

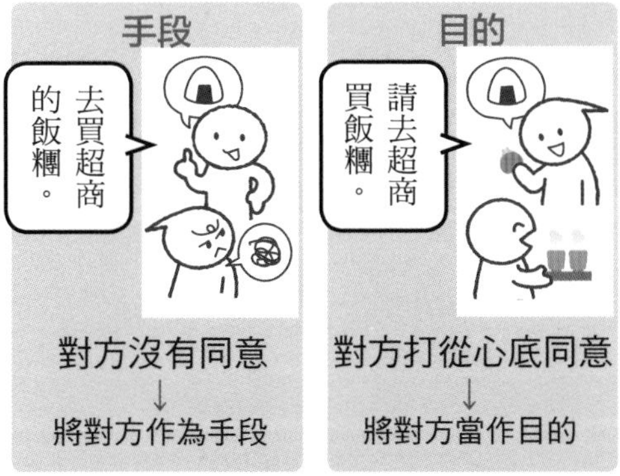
目的
請去超商買飯糰。
對方打從心底同意
↓
將對方當作目的
手段
去買超商的飯糰。
對方沒有同意
↓
將對方作為手段

# 第三章

## 社會正義的思辨

- 一定要讓座嗎？
- 越有錢稅率就越高和單一稅率，哪個較公平？
- 性別友善廁所，是善意還是引起歧視？

# 14

# 捐錢是好事嗎？不捐或捐太少，該受譴責嗎？

深澤 開朗有元氣的開心果。在念書方面有點不在行。

岡本 大家都知道她的暱稱是小愛。家中的庭院裡有一座池塘。

# 問題出在哪裡？

對於受災戶以及需要社會資源的貧困兒童，通常會以募款集結眾人捐出來的資金。

看到募款活動時，深澤捐出自己的部分零用錢。相信許多人也都是像深澤一樣捐出小額善款。但是岡本認為：「由於自己非常想幫助有困難的人，所以只要能捐錢就要盡量捐，即使要把錢全部捐出也在所不惜。」因此岡本就自然而然的把身上所有的零用錢倒進捐款箱。

看到岡本這麼做時，深澤認為：「雖然自己也很想幫助有困難的人，但是把零用錢全部捐出的話，自己就沒辦法買想要的物品。**不想因為幫助他人，而讓自己過縮衣節食的日子。**」

岡本看了深澤捐款後，認為：「既然還有錢，那再多捐一點會更好。」不過，深澤看到岡本捐出所有錢時，反而認為岡本將全部的零用錢捐出，實在太誇張了。

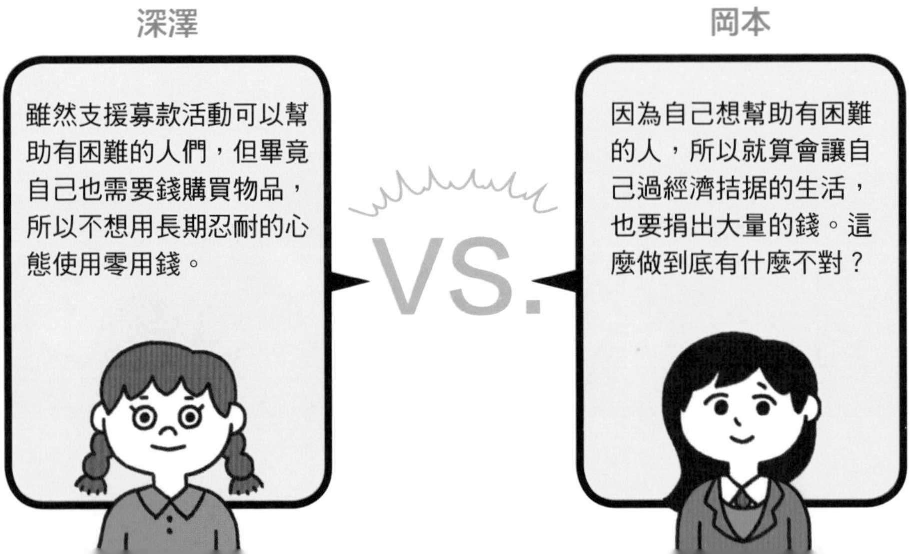
岡本
因為自己想幫助有困難的人，所以就算會讓自己過經濟拮据的生活，也要捐出大量的錢。這麼做到底有什麼不對？
VS.
深澤
雖然支援募款活動可以幫助有困難的人們，但畢竟自己也需要錢購買物品，所以不想用長期忍耐的心態使用零用錢。

# 你會怎麼想？

※請在此處的空格，寫出你的想法。

我贊成

的理念

原因是


來看看大家的想法吧

# 聽聽大家的想法

我覺得岡本太誇張了。就算她真的很想伸出援手，也沒必要把所有零用錢捐出去。

這是岡本的自由。只要她本人覺得沒關係，應該就沒問題吧？

但岡本捐出去的錢，是家人給她的零用錢，就這樣全部捐出去真的無所謂嗎？

所以捐出所有零用錢還是要先跟家人討論吧？

雖然我覺得要怎麼花自己的零用錢是個人自由，但捐錢沒有上限這點，我也認為不太妥當。

你覺得要捐多少才適宜？畢竟每個人的經濟狀況不同，有時還會害怕別人對自己捐出的金額指指點點。

話說回來，募款活動真的算好事嗎？照理說，有困難的人可以尋求政府、地方公益團體的協助，而且我們繳出的稅金也是為了因應緊急狀況而繳納。

不過，似乎光靠稅金（見下頁下方註）也不夠的樣子，所以募款活動或許也有存在的必要吧？

全捐出去未免也太誇張。
捐款金額的多寡是個人的自由。
請多想想募款的合理性。

原來如此。但像岡本那樣把全部的零用錢捐出來，
真的是明智的判斷嗎？

唉，有什麼關係嘛。反正又不是做壞事……可是，
其他人不也說最好別捐太多錢嗎？

※稅金：國家或地區公共團體強制國民或居民徵收的錢財。通常用於社會保障制度或公共建設。而為了能讓產生困境的人們可以維持最小程度的生活，日本設置了具有公共性質的社會援助制度。

（按：臺灣的租稅又稱賦稅，是國家為了因應政務支出或達成其他行政目的，基於公法的權力，強制將人民手中之部分財富移轉為政府所有。所繳的稅是被用於國防、外交、治安、公共工程、教育或社會福利等一般性支出。）

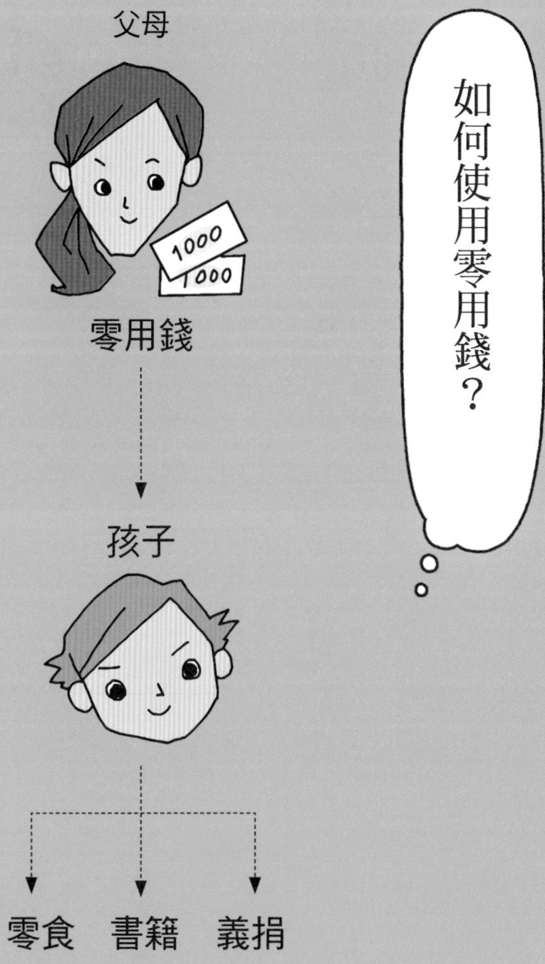

如何使用零用錢？
父母
1000
1000
零用錢
孩子
零食
書籍
義捐

# 你覺得如何？

※請在此處的空格，寫出你的想法。

你覺得捐款應當如何才適宜？

你覺得零用錢的使用方式應當如何才適宜？

# 在那之後……

如果你們方便的話……
請大家踴躍捐款！
募金
0.0台風
兩人參加了募款活動。

## 慈善活動的意義

社會中的每個人能互相幫助
思考自己能盡力做到的事
慈善活動沒有強制性（無義務）
バザー

對於因為各種原因而陷入困境的人，以社會的力量加以援助他們的活動稱為慈善活動。只要是作為義工直接幫助有困難的人，或是間接捐出善款都可以稱為慈善活動。雖然慈善活動帶有社會上所有人互相扶持、一同關心弱勢的意義，但是不會強制任何人參加慈善活動。因此建議大家以個人的意願為優先，再展開慈善行為，以及思考慈善活動其中的意義。

**也思考以下問題吧**

零用錢真的可以自由使用嗎？對於有困難的人，可以只靠稅金幫助嗎？如何說服大家做善事？

# 15

# 人都認為瘦的人比較好看，所以我要減肥

下下個禮拜要健康檢查呢。
唉～～
真是太糟了～
おしらせ
到時體重會在大家面前說出來……
54.2
不知道有沒有辦法要人家別這樣。
不對不對，問題是出在我們身上，
只要不要太胖就好了。
說的也是。
那我們乾脆從今天開始減肥吧！
總而言之啊！
!?
就多謝供餐的款待囉～
但是我……
而且我很愛吃咖哩飯
實在不想把飯剩下來……

**森田** 全名為森田麻美，個性冷靜且重視自我感受。只要是食物都喜歡。

**岡本** 暱稱為小愛。洗完澡後一定會做伸展操。

**深澤** 開朗有元氣的開心果。她是屬於那種愛趕流行的人。

# 問題出在哪裡？

大多數人認為身材像藝人、模特兒般苗條，才符合時下流行。就連電視節目都理所當然的推廣「只要瘦下來，就能變漂亮」、「想受到歡迎，就該好好減肥」等意見。相反的，我們卻不常看到「胖胖的身材也很美」的意見。

這些都是以「瘦等於美麗」為前提所產生的觀念。但是，這種觀念真的正確嗎？為什麼一定要身材纖瘦才是美人？

雖說有些人會認為美醜，取決於個人的主觀想法，不過多數人的價值觀似乎還是傾向於瘦就等於美麗。

即使如此，你還是能接受瘦下來就能變漂亮的價值觀嗎？

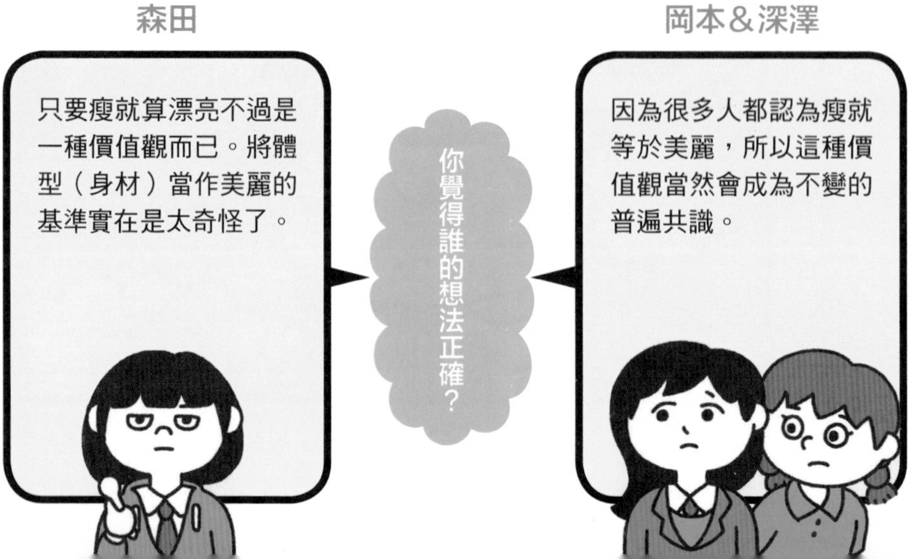
岡本＆深澤
因為很多人都認為瘦就等於美麗，所以這種價值觀當然會成為不變的普遍共識。
你覺得誰的想法正確？
森田
只要瘦就算漂亮不過是一種價值觀而已。將體型（身材）當作美麗的基準實在是太奇怪了。

# 你會怎麼想？

※請在此處的空格，寫出你的想法。

我贊成

的理念

原因是



來看看大家的想法吧

# 聽聽大家的想法

瘦就等於美麗的觀念，本來就很奇怪。
大家不顧個人真正的想法，單純只是盲從而已。

但現實中真的很多人這麼認為，所以瘦就等於美麗的觀念也就成了常識。又例如「嬰兒本來就很可愛」，只要大家都這麼覺得，就不會有人去否定這種概念。

還是有少數人會覺得「嬰兒才沒有那麼可愛」。但因為覺得嬰兒很可愛的人占多數，所以持相反看法的人不得不將嬰兒很可愛當作普世價值。

如果要這樣的話，那就代表個人想法最好不要說出來。因為個人意見根本比不過全體一致認同的想法……。

但根據時代、國家、地區的不同，審美觀也會不一樣，所以一定會有肥胖的人才算美麗的審美觀。

不過這麼一來，「肥胖就等於美麗」的普遍觀念形成後，就和某些已經成為常識的價值觀一樣吧？

既然如此，乾脆不要把審美觀跟身材胖瘦產生連結。這樣應該就能解決這個問題了吧？

瘦就等於美麗實在太奇怪。
將多數人認同的價值觀視為常識就可以了。
要包容每個人各自的價值觀。

不對。價值觀反映出的就是一種傾向，每個人都會有不同傾向，所以包容彼此的價值觀，才是最重要的觀念。

換句話說，即使某種價值觀已經成為大家的常識，也不需要強迫每個人都得認同這個價值觀。

沒錯！不管是身材還是價值觀，大家都有不一樣的見解。

社會普遍認為的正確價值觀

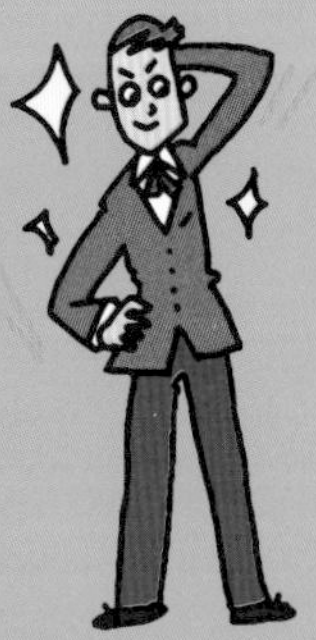

身材高䠷的人很帥氣

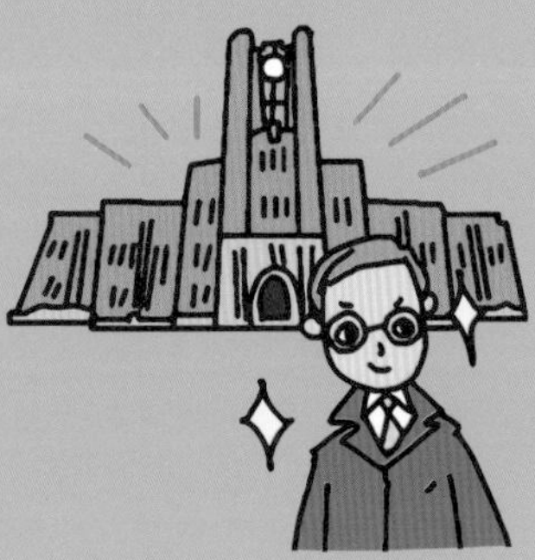

能考上一流的大學就
是優秀人才

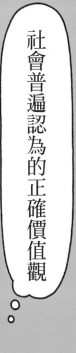

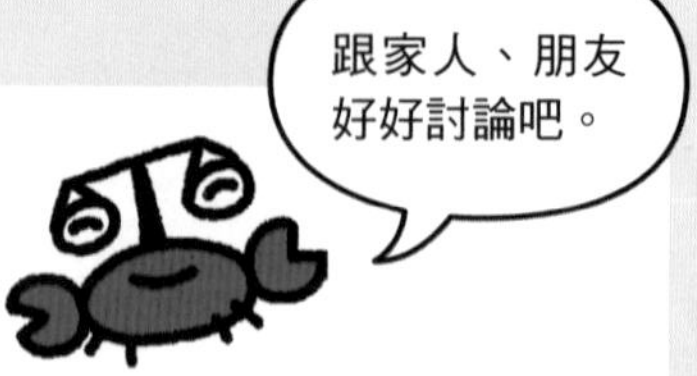


# 你覺得如何？

※請在此處的空格，寫出你的想法。

你覺得瘦就等於美麗嗎？

你覺得什麼價值觀很奇怪？

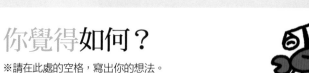

# 在那之後……

看到森田吃東西的模樣了嗎？
她吃掉三盤咖哩飯？
這樣看起來真好啊～

以能夠開心用餐為優先考量。

## 價值觀因人而異

所謂的價值觀，就是將某種事物認可為有無價值的觀點。每個人都有不同的價值觀，就連普遍的價值觀也會因國家、地區、時代而有差別。在日本的平安時代，臉頰圓潤的女性會被稱為美女。可見得當時的審美觀就是以生活是否過得優渥為主。也就是說，因為環境的影響，會決定美女的標準。又例如對於戰爭的觀感，只要社會上肯定戰爭的人越多，就越容易集體肯定戰爭的正當性。

美女的標準因人而異

**也思考以下問題吧**

你敢直接說出跟大家完全相反的意見嗎？所謂的內在美又是什麼呢？

# 16

# 一定要讓座嗎？

頭昏眼花……
身體感覺有點不妙……
卡噠卡噠
幸好有座位可以坐下來……
ファ～
怎麼辦…
但很不巧，有一位老爺爺走到我面前來！
快讓位吧～
做人要懂得敬老尊賢
別管那個站得直挺挺的老人
你有那個體力擔心別人嗎？


須賀 須賀是美術社的社員。平時的運動量不足。

# 問題出在哪裡？

讓座這種行為並不是由法律所規定，而是靠眾人的道德感所驅使。也因此，大眾運輸工具設置博愛座，就是方便人們讓座給老弱婦孺。如此一來，在知道要讓座給有需要的人時，就不會因為「不想變成其他乘客關注的焦點」、「害怕被對方拒絕」、「想等其他人先讓座」等想法，而被大家視為不肯讓座給老弱婦孺的人。

但現實中，真的每次都必須讓座給老弱婦孺嗎？就算是年輕人，也會因為身體不適而無法久站，但這種狀況不見得會被人們所察覺，所以這時若默不吭聲的繼續坐在位置上，可能會被其他人側目。但即便如此，你也不好意思特地告訴車上所有人，說自己有正當理由坐在位置上。當你內心開始這麼煩惱時，你會怎麼辦？

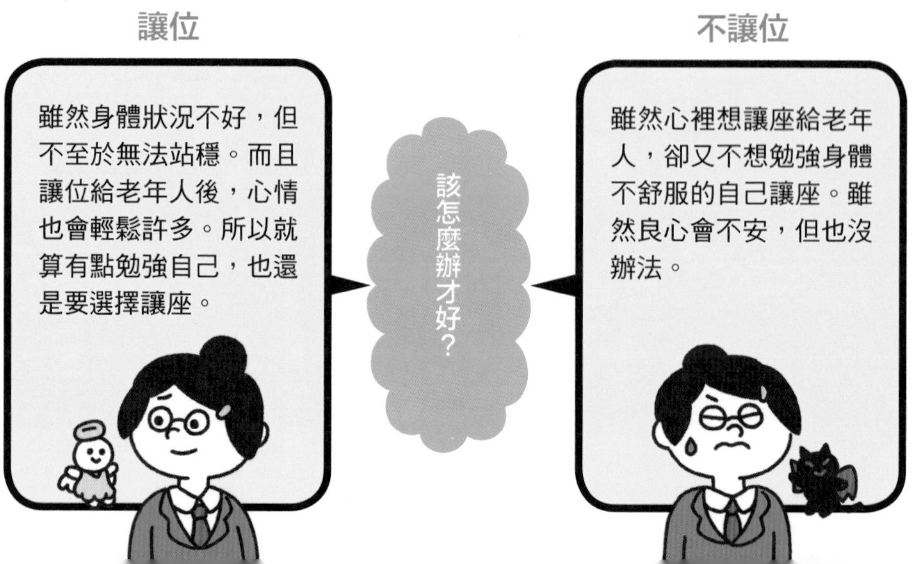
讓位
雖然身體狀況不好，但不至於無法站穩。而且讓位給老年人後，心情也會輕鬆許多。所以就算有點勉強自己，也還是要選擇讓座。
該怎麼辦才好？
不讓位
雖然心裡想讓座給老年人，卻又不想勉強身體不舒服的自己讓座。雖然良心會不安，但也沒辦法。

# 你會怎麼想？

※請在此處的空格，寫出你的想法。

我贊成

的理念

原因是



來看看大家的想法吧

## 聽聽大家的想法

讓座給老年人雖然只是舉手之勞，但有時會產生很多考量。

例如鼓起勇氣讓座時，對方卻會以「我馬上就要下車了」的理由拒絕。這時站起來讓座卻被人謝絕的你，就會成為整個車廂注目的對象。

難得自己好心讓座，對方卻沒有心懷感激的坐下，反而害自己很沒面子。

但是，老年人也有可能認為「自己還不到要別人讓座的年紀」。或許繼續默默坐著才是最好的選擇。

身體不舒服時，如果老年人站在旁邊就會更加猶豫。不過要是說明：「雖然很想讓座，但我的身體不舒服。」或許雙方就不會那麼尷尬。

特地說明不讓座的原因其實更不好，因為這會讓其他人認為你是在找藉口。

但不發一語繼續坐著，那種天人交戰的感覺也很不好受。

說明自己為何不讓座。
有時你無法讓座也沒辦法。
會感到苦惱的話就讓座吧。

那乾脆就忍著身體不適，乖乖站起來讓座好了。

讓座給別人或許內心會感到愉快，但身體狀況也許非常痛苦。這時讓不讓座的決定，真的很叫人頭疼。

那麼就扶著頭表現自己身體不舒服的樣子，這樣就可以跟車上其他人傳達自己不舒服的訊息。

這樣很奇怪吧？其實這樣做並非在意別人的目光，是因為有想對他人體貼的想法所以才感到困擾。

# 想讓座時的煩惱

特地讓座卻被對方拒絕

小孩子吵著要坐在位置上

老年人離自己很遠

# 你覺得如何？

※請在此處的空格，寫出你的想法。

你曾經猶豫過讓不讓座嗎？

不只是老年人，你覺得需要被讓座的對象有誰？

# 在那之後……

請坐。
真的可以嗎？
真鍋同學！
你沒事吧？臉色很差喔
射穿
一段戀情開始發生了。

## 規則、道德、禮儀的差別在哪裡？

我們的世界中，有很多必須做到的事，也有不該去做的事。在這當中還有分為規則、道德、禮儀，這三種看似相同其實卻各自擁有不同意義的概念。

規則是必須遵守的行動，道德則是必須遵守的是非觀念，禮儀則是配合他人的感受而必須展現出的禮節。例如，搭乘電車應購買車票的行動就是規則，讓位給老年人的行為是道德，不在車上大聲喧嘩則是展現禮儀。

規則
=
規定
道德
=
辨別是非
禮儀
=
符合禮節的行為

**也思考以下問題吧**

雖然不該跟陌生人說自己家裡的住址，但現在自己必須問路才能回家。這時該不該說清楚自己的家住哪裡呢？雖然親戚家的阿姨請吃零食，卻是自己討厭吃的東西。我到底該不該吃呢？

# 17

# 職業有分貴賤嗎？

我爸媽逼我以後工作絕對要選鐵飯碗。
我懂你的感受，
但不管什麼職業都有存在的必要。
我也了解
但我爸媽都是公務員，所以我也拿他們說的話沒辦法～
我父母是醫生，
那你呢？
會、會計師。
我回來了……
你回來啦～
我總算快完成了
爸爸
辛苦了
對不起，
我不好意思跟同學說你是漫畫家。

**中西** 全名為中西信男，看起來總是很疲倦。父親是《大怪獸賽吉拉斯》的作者。

**青木** 個性認真，但有些任性。因為是學生會長，所以放學後沒有參加社團。

**濱田** 以成為職業電競選手為目標。但父母對這種規畫感到很不安。

# 問題出在哪裡？

三位班上的好朋友，聚在一起討論父母的職業。這個世界上有各種職業，但即使每個職業都因應社會的需求而產生，也是會分成名聲良好跟不方便公開的職業。

例如，中西同學就不好意思介紹自己的爸爸從事什麼行業。也許他是因為不想被朋友不斷詢問自己的爸爸畫過什麼漫畫吧？或是中西本身就認為漫畫家的工作不值得向人誇耀。

在現實中，很多人會因為某些工作入行難度高，而抱有憧憬，也會因為收入高低對職業產生歧視。因此入行難度較低或收入不高的職業，往往會讓人不好意思說出來。

「職業不分貴賤」這句話只能算是表面上的客套話吧？

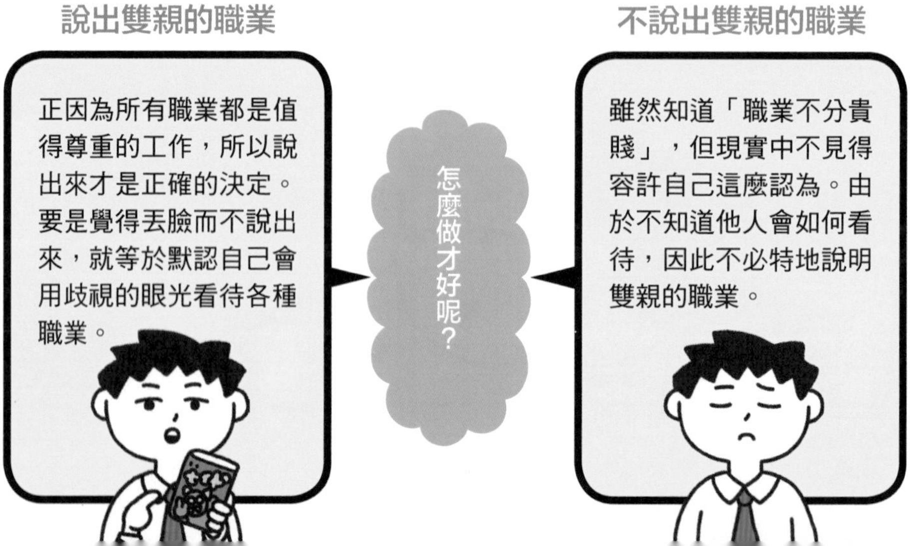
說出雙親的職業
正因為所有職業都是值得尊重的工作，所以說出來才是正確的決定。要是覺得丟臉而不說出來，就等於默認自己會用歧視的眼光看待各種職業。
怎麼做才好呢？
不說出雙親的職業
雖然知道「職業不分貴賤」，但現實中不見得容許自己這麼認為。由於不知道他人會如何看待，因此不必特地說明雙親的職業。

# 你會怎麼想？

※請在此處的空格，寫出你的想法。

我贊成

的理念

原因是



來看看大家的想法吧

# 聽聽大家的想法

「職業不分貴賤」，這句話雖然是很多人理想中的價值觀，但現實中不見得每個人都這麼覺得。所以像中西同學一樣，不好意思說自己父母的職業也不用感到意外。

中西的父親是漫畫家，這可是人們夢想中的職業，這種職業坦然說出來會比較好……。

漫畫家其實是經濟不穩定的職業，所以中西才會覺得很不好意思吧？只要了解中西有如此想法之後，就會覺得乾脆別說會比較好。

因為父親要是不太有名，或許說了還會被人嘲笑……。

我想我們果然得探討一下「職業不分貴賤」是什麼樣的觀念。

我們的社會的確對一些職業存有偏見，例如擁有工時不固定、危險、辛苦等性質，就會被歸類為不好的職業。

就是不夠體面的工作，有時才會被大家認為不存在也無所謂。

人總是會有不敢跟他人說的事。
堂堂正正公開就可以了。
乾脆什麼都別講。

但因為有從事各種行業的人們，才能造就出我們的社會。

可以在社會中幫助他人的「價值」，比什麼都還要重要。

也許看漫畫無法讓人填飽肚子，但是透過漫畫可以豐富人們的心靈，並且給予安定的精神力量。

受歡迎的職業

入行難度較高的工作

高收入的工作

長期且穩定的工作

# 你覺得如何？

※請在此處的空格，寫出你的想法。

你想從事什麼工作？你的理由為何？

你覺得「職業不分貴賤」嗎？

# 在那之後……

可以讓我看嗎？
喔！當然好！
嗯嗯，
感覺有點不好意思。
開始想要多了解爸爸的職業。

## 我們為何需要工作？

在探討職業的時候，順便思考一下我們為何需要工作。雖說大家都認為工作是因應生活需求而產生的行動，但其實並非完全如此。若一個人擁有自己想要從事的職業，不但可以發揮自身實力，也能透過工作將自己的專長回饋給社會，讓工作這個行動變得更有意義。

由於工作需要使用較多的時間，因此選擇職業時，不只要注意自己是否喜歡該職業，也要考量自己擅長的技能為何、是否可以長期工作。重新認識自己的能力時，就能知道自己的人生將要往哪個方向拓展。

為了生活
想要發揮自己的專才
回饋社會

**也思考以下問題吧**

未來想從事的職業，究竟是自己能得到好處就好，還是能回饋社會比較好？

# 18

# 我們在落實男女平等嗎？

佐野　籃球社的社員。雖然有些笨拙，但是個努力向上的人。想成為一個溫柔體貼的人。

# 問題出在哪裡？

最近在我們身邊常常能看到以性別做區分的公共設施。例如「女性專用車廂」、「女性看電影有打折優惠」等。但相反的，我們幾乎看不到「男性專用車廂」、「男性看電影有打折優惠」。所以，佐野認為這個社會太過禮讓女性。

男性享有優勢時，雖然常常會出現「這樣對女性不公平」的意見，但女性受到更多優勢時，卻很少有人提出「這樣對男性不公平」的意見。因此，佐野對這個現象感到困惑。

正如日本憲法：「兩性（男女）在本質上同屬平等的人類」，所以我們的行事原則必須秉持著男女平等的觀念。但佐野認為現實中只禮遇女性的情況為多數。

對此，佐野的母親說：「以前女性在各方面受到歧視，就算是現在，女性也一樣較為弱勢。」

那麼，你會不會覺得這個社會很難落實男女平等呢？

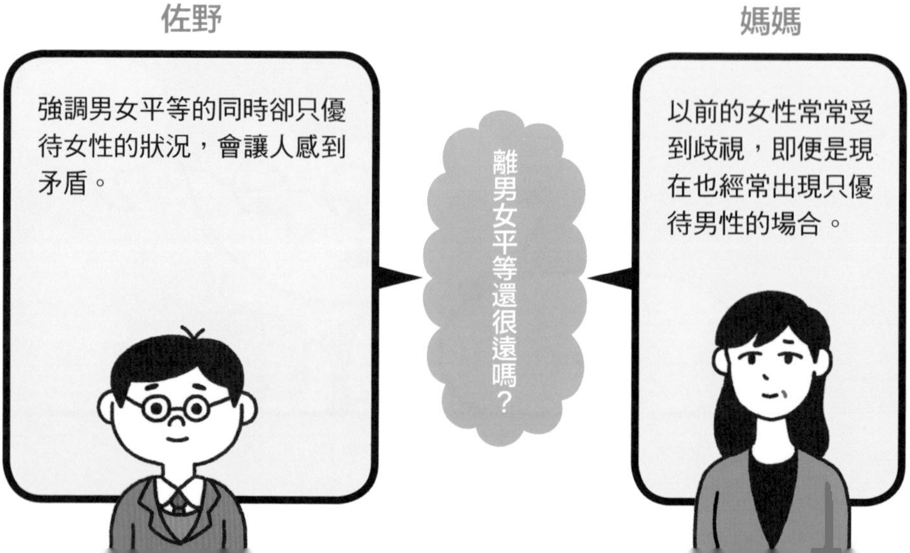
媽媽
以前的女性常常受到歧視，即便是現在也經常出現只優待男性的場合。
離男女平等還很遠嗎？
佐野
強調男女平等的同時卻只優待女性的狀況，會讓人感到矛盾。

## 你會怎麼想？

※請在此處的空格，寫出你的想法。

我贊成

的理念

原因是

☞ 來看看大家的想法吧

# 聽聽大家的想法

對於獨厚女性的制度、優惠，男性難免會產生出「這樣很不公平」的感想。不過，我們還是必須思考一下，為什麼會產生出這種制度、優惠呢？

其中一個理由就是為了預防犯案。例如女性專用車廂，就是為了防止女性受到性騷擾。

正因為電車上會有趁機犯案的色狼，所以才不得不設立這種制度保護女性。

但是，看電影只有女性有打折優惠就不同了吧？

聽說這是商家招攬顧客的策略。因為女性比較容易找一群人看電影的關係，所以才盡量吸引女性來電影院消費。

至於性別歧視的問題，我們也許還要多討論。

正如佐野媽媽所說，現在的社會其實還是會歧視女性，各種領域上女性比較吃虧，特別是就業及薪水待遇方面。

男女平等究竟是什麼樣的概念呢？應該不是指廁所不做男女區分的意思吧？

其實女性在各領域還是屬於弱勢。
要消除性別偏見……。
必須落實男女平等的觀念。

當然，既然說是平等，那麼每個人都得一視同仁。

不過一般觀念中，通常會認為女性更擅長做家事、育兒之類的工作。我認為有必要消除這種觀念。

對啊，這麼一來我們的社會就能在意識到男女有別的同時，不會特別認為哪個性別較吃虧了。

設置女性專用車廂的原因

日本的鐵路運輸事業於2000年代逐步推廣女性專用車廂。

現在很多鐵路公司規定即使是殘障人士、需要照護的人，也能不分性別乘坐女性專用車廂。

雖然有法律上的規定……

日本目前設有《男女僱用機會均等法》，要求企業必須以男女平等的觀念執行錄用、晉升員工的決定。但現實狀況中，女性員工的晉升及薪資調整還是不如男性。

（按：臺灣的相關法律為《性別工作平等法》，為保障性別工作權之平等，貫徹憲法消除性別歧視、促進性別地位實質平等之精神而制定。）

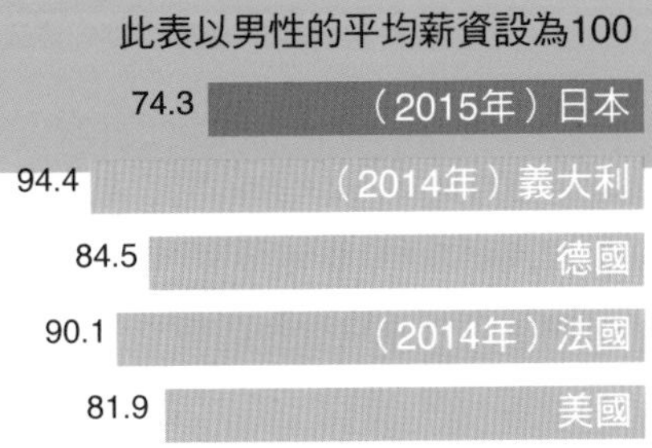
此表以男性的平均薪資設為100
74.3 （2015年）日本
94.4 （2014年）義大利
84.5 德國
90.1 （2014年）法國
81.9 美國

※以全職勞工的中位所得進行比較

（2018/19版 世界國勢圖會）

按：臺灣兩性薪資差距〔女／男（男性=100%）〕2018年為85.4%。
資料來源：勞動部—近年我國女性勞動參與狀況。

# 你覺得如何？

※請在此處的空格，寫出你的想法。

你覺得男女不平等是什麼樣的狀況？

你覺得什麼場合比較適合將男女區分清楚？

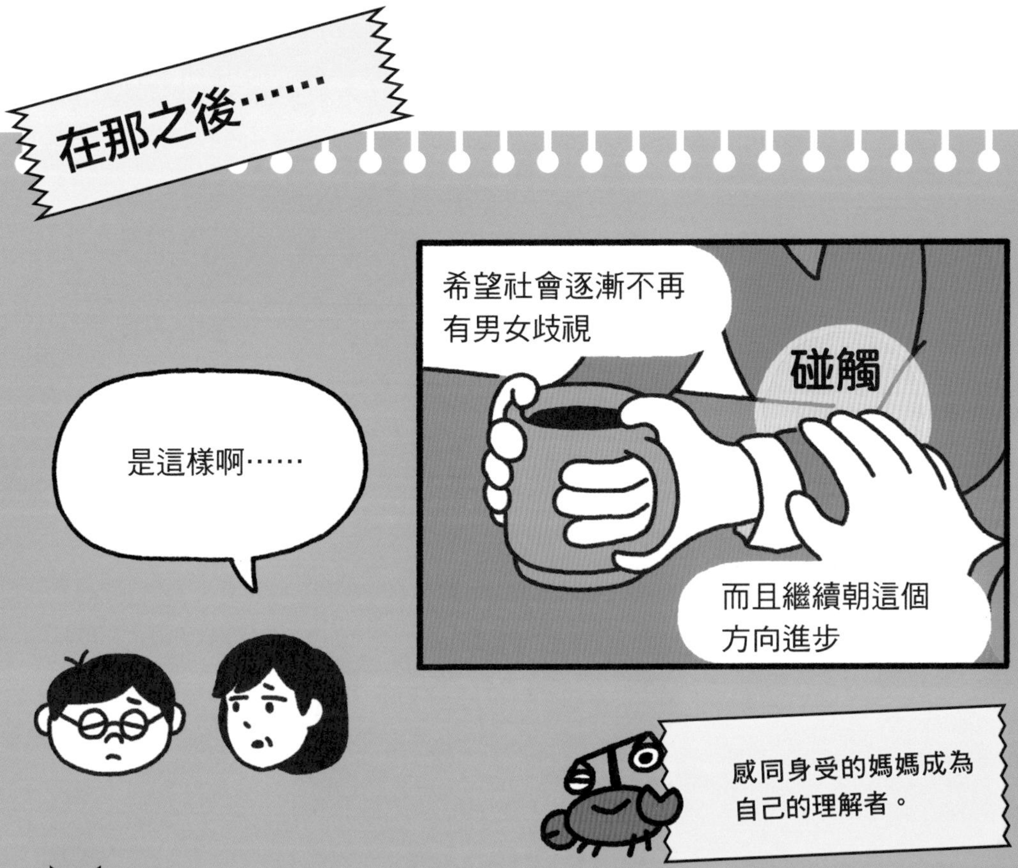
在那之後……
希望社會逐漸不再有男女歧視
碰觸
而且繼續朝這個方向進步
是這樣啊……
感同身受的媽媽成為自己的理解者。

## 日本真的是男女平等的國家嗎？

由於日本憲法中明定，國民必須有男女性別平等的觀念，因此根據這項法律，男女必須享有同等權利。雖然我們本來能依此法源平等看待性別，但現實中的女性在各方面還是會受到差別待遇，比起男性也較難以踏入社會工作。例如國會議員中，女性議員的人數比例較其他國家來得少。也許這就反映出日本仍有性別上的歧視（按：根據內政部性別統計專區最新資料顯示，臺灣在 2017 年女性國會議員的比率為 38.1%）。

國會議員的男女比（2018年）

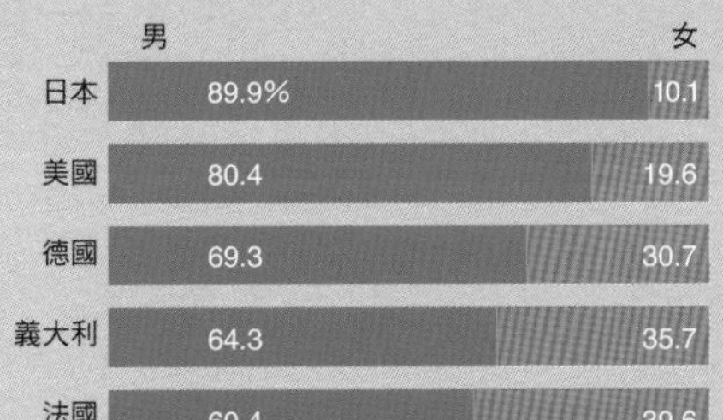
男
女
日本
89.9%
10.1
美國
80.4
19.6
德國
69.3
30.7
義大利
64.3
35.7
法國
60.4
39.6

（Women in national parliaments）

**也思考以下問題吧**

男生制服必須穿褲子，女生制服必須穿裙子，這樣真的合理嗎？
準備園遊會活動時，女生都會說：「粗重的工作就是男生的責任了。」這是理所當然的道理嗎？

# 19

# 越有錢稅率就越高和單一稅率，哪個較公平？

消費稅好討厭啊～～
是嗎？
為什麼突然講這件事
沒什麼，但與其從我這個窮人拿錢，
還不如去跟有錢人拿錢。
你是說稅率會因人而異嗎？
跑過來
你說的就是累進稅制的特徵。
老師！
早就有這種制度？
當然有。
我倒覺得這種制度比較討厭，
自己努力賺到的錢，結果大多必須拿去繳稅。
我認為消費稅才是最討厭的！
稅金都讓有錢人繳就可以了。

豐井：全名為豐井千里，在家裡很愛跟長輩撒嬌。哥哥是國立大學的學生。

野上：平時都會展現出心平氣和的態度。對於成為大人後的生活感到不安。

# 問題出在哪裡？

所得稅以累進稅率制作為繳稅方式時，課稅對象的所得越多，必須繳納的稅金比率也就越高。例如年收入有二百萬日圓（約為臺幣五十六萬元）的人，就必須繳納其中一〇%（二十萬日圓）。若年收入為五千萬日圓的人，就必須繳納其中四五%（二千五百萬日圓）。也許這種制度會讓年收入高的人感到不滿，但他們即使按照此制度納稅，剩下的收入還是比收入低的人多。此外，收入高和低的人在生活基本開銷上比例相差不大，所以有錢人的稅率再怎麼高也能衣食無虞。

至於消費稅（日本），和個人所得無關，是根據事先決定好的稅率而繳納的稅金。當消費稅率為一〇%，無關個人所得，每人消費一千日圓時就必須繳納一百日圓稅金。因此對收入低的人來說，會感到比較有負擔。在大家討論過以上內容後，關於繳納稅金的制度，確實會讓人感到難以保持公平性。

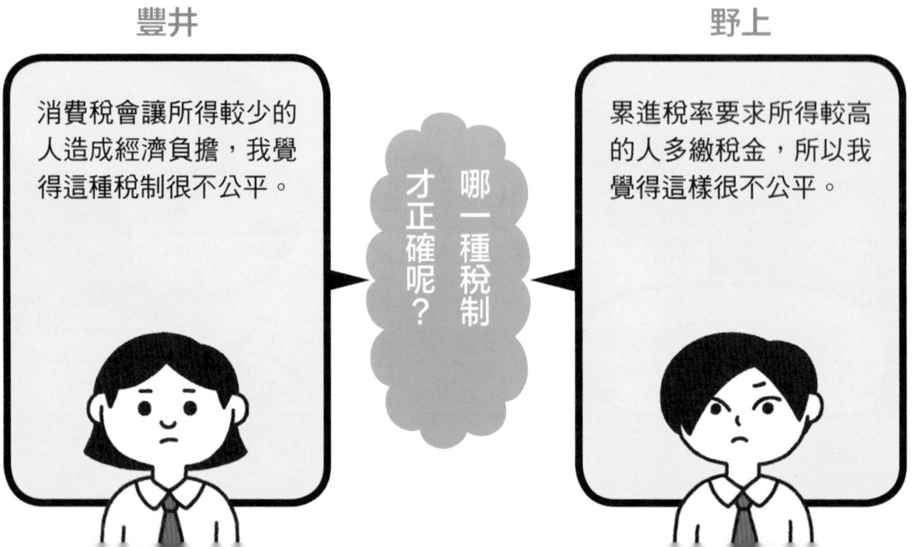
野上
累進稅率要求所得較高的人多繳稅金，所以我覺得這樣很不公平。
哪一種稅制才正確呢？
豐井
消費稅會讓所得較少的人造成經濟負擔，我覺得這種稅制很不公平。

# 你會怎麼想？

※請在此處的空格，寫出你的想法。

我贊成

的理念

原因是



來看看大家的想法吧

# 聽聽大家的想法

所得越多繳稅的稅率也就越高，這種制度真讓人無法接受。努力賺錢提高自己的所得，卻因此需要繳納更多稅金，這反而讓人更不想努力工作。

我認為你沒有意識到收取稅金的主要用途。稅金會根據所得差距進行調整，所以當然會有稅率上的差別。對國家整體而言，這其實是很合理的制度。

我同意。反倒是消費稅比較不公平，會對所得較少的人造成負擔。

其實所得較少的人，由於使用金錢的比例較少，所以消費時付出的消費稅也會比較少，這樣負擔算是很少了吧？

是嗎？食物等生活必需用品雖然有絕對需要的用量，但是隨著所得增加，一般來說是不會有太大的消費金額。所以消費稅相對來說，還是會讓所得較少的人造成較大的負擔。

這樣看來，不管哪個都能稱為公平的制度，但同時也能被稱為不公平。

雖然稅收制度已經實行了千年以上，但是想確立完全公平的稅收制度一直是不可能的任務。

累進稅制真不公平。
不可能會有完全公平的稅制。
消費稅真不公平。

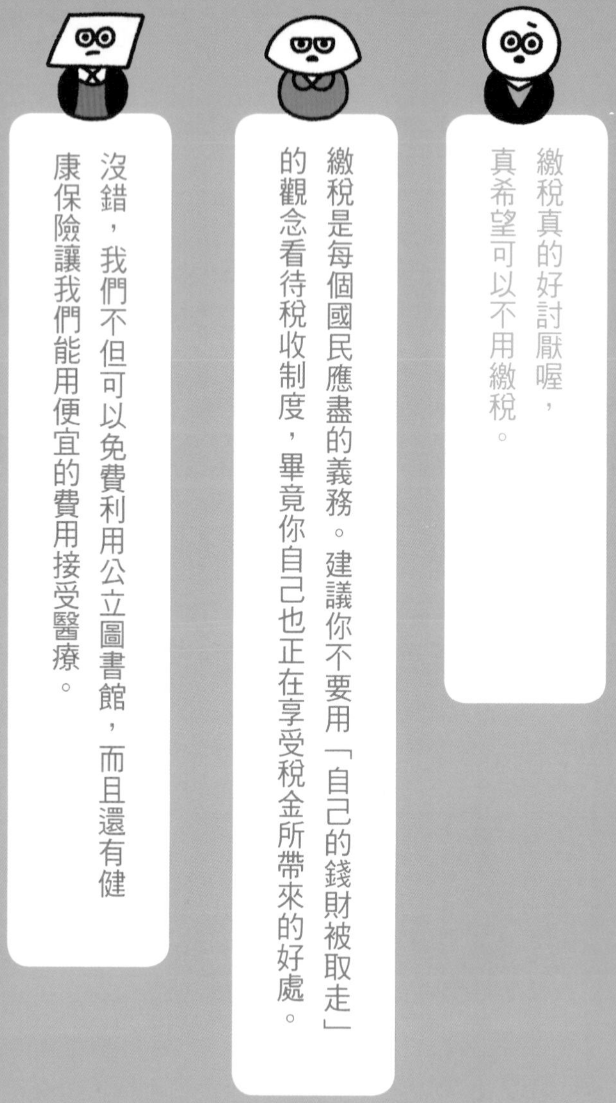
繳稅真的好討厭喔，真希望可以不用繳稅。
繳稅是每個國民應盡的義務。建議你不要用「自己的錢財被取走」的觀念看待稅收制度，畢竟你自己也正在享受稅金所帶來的好處。
沒錯，我們不但可以免費利用公立圖書館，而且還有健康保險讓我們能用便宜的費用接受醫療。

所得越少，
消費稅的負擔越大

稅金的用途

作為國家、地方公共團體的公共設施建設費用。

縮減國民的經濟差距，防止不平等的現象發生（平均分配所得）。

調整經濟景氣。

# 你覺得如何？

※請在此處的空格，寫出你的想法。

你覺得所得越多，稅率就越高的稅制很好嗎？

你覺得消費稅不公平嗎？

# 在那之後……

話說回來，
政府收取稅金之後，
都用到哪裡去……？
的確值得調查
要不然，調低公務
員的薪資如何？
NO～！
對喔～
開始調查稅金的
主要用途。

## 消費稅的觀念在歐洲是主流制度

購買物品、享受商家的服務，這時我們必須繳納的稅金就是消費稅（國外稱為增值稅）。特別是歐洲各國，消費稅的比率比日本還要高出許多，有不少國家的稅率甚至超過20%。日本首次引進消費稅的制度是在1993年，當時日本的稅費稅稅率是3%（按：臺灣稱為營業稅，稅率為5%）。

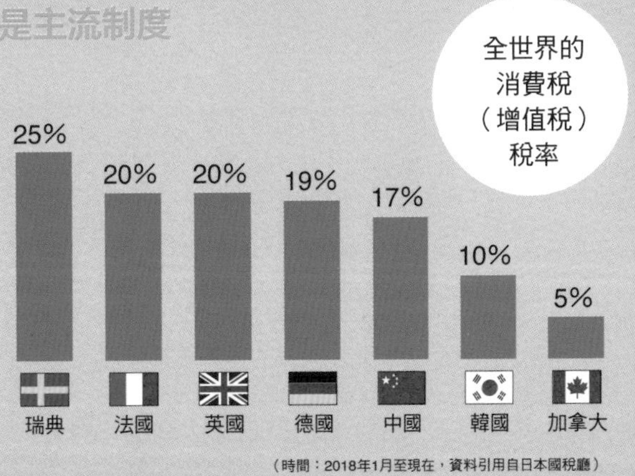
全世界的
消費稅
（增值稅）
稅率
25%
20%
20%
19%
17%
10%
5%
瑞典
法國
英國
德國
中國
韓國
加拿大

（時間：2018年1月至現在，資料引用自日本國稅廳）

**也思考以下問題吧**

沒有所得的兒童也要付消費稅，這種規定合理嗎？
若要將稅金用於有意義的地方，你認為對國民增稅也沒關係嗎？

# 20

# 性別友善廁所，是善意還是引起歧視？

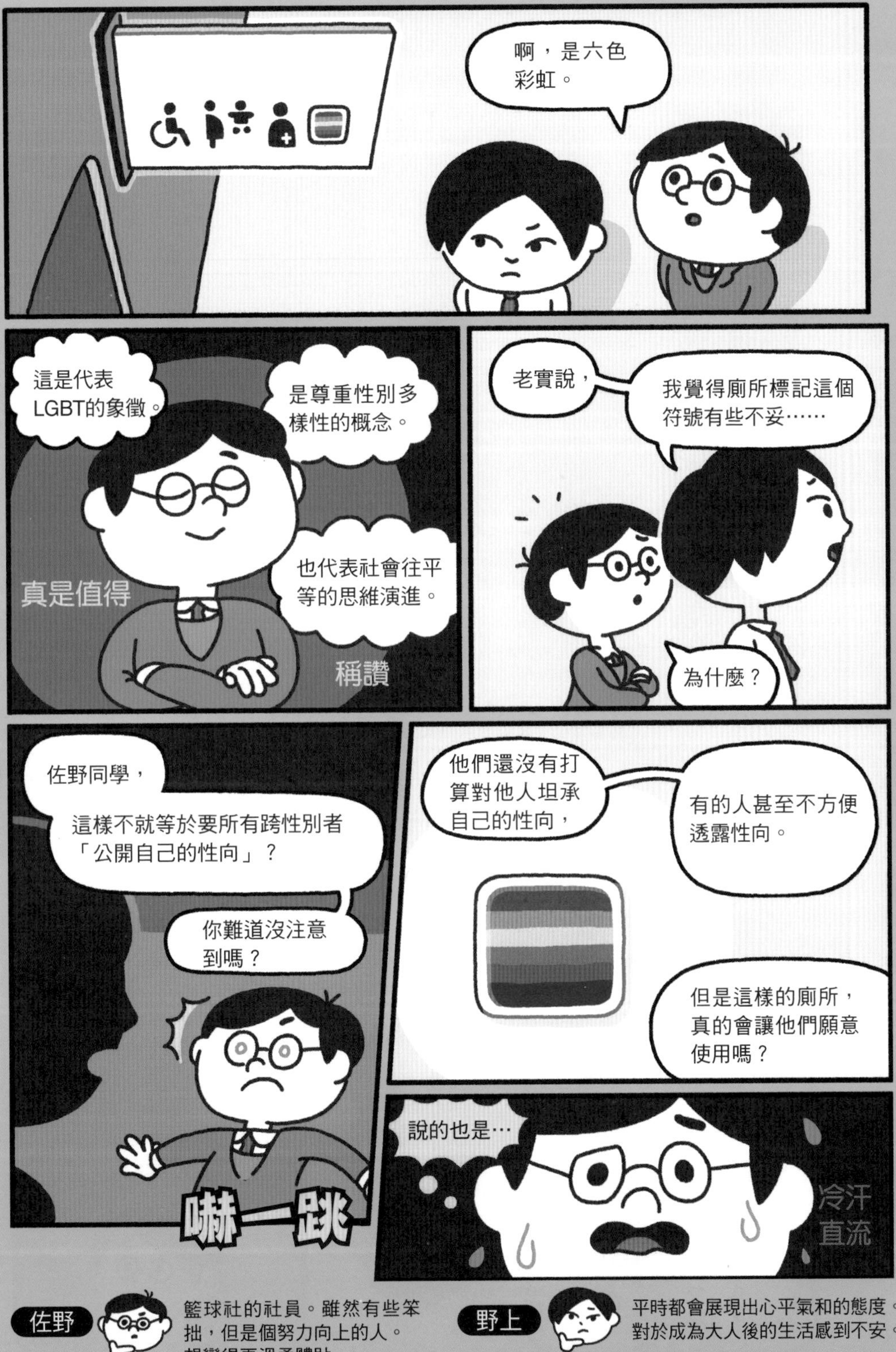

啊，是六色彩虹。
這是代表LGBT的象徵。
是尊重性別多樣性的概念。
也代表社會往平等的思維演進。
真是值得稱讚
老實說，
我覺得廁所標記這個符號有些不妥……
為什麼？
佐野同學，
這樣不就等於要所有跨性別者「公開自己的性向」？
你難道沒注意到嗎？
嚇一跳
他們還沒有打算對他人坦承自己的性向，
有的人甚至不方便透露性向。
但是這樣的廁所，真的會讓他們願意使用嗎？
說的也是…
冷汗直流


**佐野** 籃球社的社員。雖然有些笨拙，但是個努力向上的人。想變得更溫柔體貼。

**野上** 平時都會展現出心平氣和的態度。對於成為大人後的生活感到不安。

# 問題出在哪裡？

世界上，有些男性不一定會喜歡女性，而女性也不一定會喜歡男性，他們不是因為錯誤認知才擁有不同的性向，但他們的困擾卻多於一般人。除了有生理性別和性向相反的人，也有只喜歡同性別的人，又或是同時喜歡異性和同性，這就是所謂的ＬＧＢＴ（多元性族群）。在過去他們常常受到歧視，不過現在他們的性向已經被認為是人類的多樣性之一，因此開始將ＬＧＢＴ視為不會造成社會損害的族群。

但是，這並不代表人們不會對ＬＧＢＴ抱有歧視的眼光。因此現在還分為願意公開承認自己是ＬＧＢＴ，和不願意公開承認的人。確實尊重多樣性的觀念很重要，但是在表示尊重的方法中，我們是不是該顧慮到當事人是否願意公開自己的性向呢？佐野原本認為設置性別友善廁所的出發點屬於立意良善，但現在卻不知道這種廁所是否真的有尊重ＬＧＢＴ。

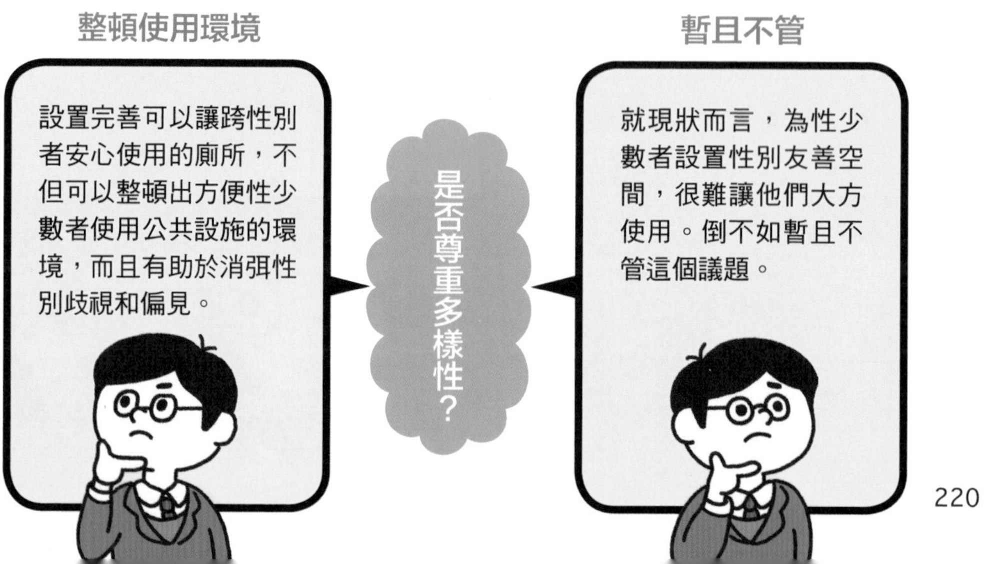
整頓使用環境
設置完善可以讓跨性別者安心使用的廁所，不但可以整頓出方便性少數者使用公共設施的環境，而且有助於消弭性別歧視和偏見。
是否尊重多樣性？
暫且不管
就現狀而言，為性少數者設置性別友善空間，很難讓他們大方使用。倒不如暫且不管這個議題。

# 你會怎麼想？

※請在此處的空格，寫出你的想法。

我贊成

的理念

原因是



來看看大家的想法吧

# 聽聽大家的想法

日本雖然尚未承認同性婚姻，不過國外有部分國家已經承認同性婚姻了。由於有確實落實的法律措施，因此有望可以消弭人們對於性少數者的歧視、偏見。

（按：《司法院釋字第七四八號解釋施行法》，簡稱《七四八施行法》，是一部中華民國的同婚專法，於二〇一九年五月二十四日正式生效。）

也有企業為同性情侶設立等同於確立婚姻關係的福利制度。我們的社會漸漸開始認同人類的多樣性。

等一下。並不是每個人都打算「出櫃」，而且有一些人對自己是不是性少數者都還沒有自覺。貿然設置那些制度，真的有考量到他們的意願嗎？

照理說，若能將「我喜歡相同性別的人」這句話，像「我喜歡吃蛋糕」一樣自然的說出來，我們的社會就會變得更友善。但只要有人有性別歧視，就無法讓社會進步。
畢竟公開自己的性向說不定會害自己被另眼相看，甚至被社會孤立。
將LGBT視為洪水猛獸的確是不好的觀念。
我也這麼認為，每個人的想法基本上都不同，所以互相關懷才是最重要的觀念。

必須要有完善的法律措施。
千萬不要把他們看得太恐怖。
互相關懷是才是最重要的觀念。

但是，具體來說又該如何辦到呢？

大家能消除自己的歧視和偏見就好了……。

建議先從認同各種性向開始，唯有理解人類的多樣性才是根本之道。

L

Lesbian

女同性戀者

G

Gay

男同性戀者

B

Bisexual

雙性戀

T

Transgender

跨性別者

不管是孩子或是成年人，都可能因為「自己和大家不同」的認知而感到煩惱，甚至苦於無法和他人傾訴這種煩惱。

性少數者不只有LGBT中的分類，還有其他無法準確認識自身性向的人。

※日本一部分地方公共團體（地方自治團體）會以核發證書的形式承認同志間的婚姻關係。

# 你覺得如何？

※請在此處的空格，寫出你的想法。

你覺得 LGBT 是什麼樣的族群？

如果想要讓 LGBT 不受到歧視，你覺得要如何幫助他們？

# 在那之後……

這邊要拉出一條通道……
看來不錯……

能讓大家接受的廁所，又會是什麼樣的廁所呢？

開始思考要如何設置更能讓大家接受的廁所。

## 讓社會成長為沒有歧視和偏見的環境

每個人都有獲得幸福的權利

就像是 LGBT 受到的歧視一樣，現在的世界仍然有許多觀念上的歧視和偏見。
例如，宗教和思想、膚色、文化、病症、性別、出生地等等，很多因素都會造成歧視和偏見。在許多場合中，歧視和偏見都是因為欠缺理解所造成，而且沒有合理的根據可以證實歧視和偏見的正確性。雖然每個人都有獲得幸福的權利，但只要有歧視和偏見的存在，弱勢族群的權利就會因此受到損害。因此，我們必須努力消除世上所有的歧視和偏見。

**也思考以下問題吧**

男性穿裙子、化妝真的很奇怪嗎？
朋友出櫃時，我該怎麼辦？

# 二十世紀以後（現代）的「正義」

到了貧富差距擴大、價值觀越來越多元的二十世紀，相對於重視最大多數的效益主義（請參照第一五四頁），開始出現提倡尊重個人意見的思想家。例如著有《正義論》的美國思想家——羅爾斯。此外還有對羅爾斯的學說持反對意見的人，例如提倡自由意志主義的諾齊克，以及主張社群主義的桑德爾。

## 自由主義

「公平即正義」

約翰・羅爾斯

（1921～2002）

美國

由於效益主義的思想會犧牲少數人的權益，所以質疑這一點的羅爾斯提倡以公正的規定分配權利、財產、自由，也就是所謂的「公平即正義」。

這種思想是，若人類沒有理解構築成社會前的個人能力、地位（稱為無知之幕），就要以互相滿足利益的行動作為前提。而在這個前提中，應當平等給予個人自由，再將社會、

設想群體之中最沒有得到好處的人

經濟上的不平等，視為公平競爭下的結果，而且必須改善最沒有得到好處的人的生活。羅爾斯認為人們應該最大程度的尊重個人的自由和權利，羅爾斯也因為這理論成為最具代表性的自由主義思想家。

## 自由意志主義

「國家最小化」

羅伯特・諾齊克

（1938～2002）美國

想要讓最多數人獲得最大的幸福，以及優先滿足團體的利益，就可能會犧牲個人的利益。諾齊克重視個人的自由、權利，認為國家的國防、審判應該獲得最小程度的資源，因此他將「國家最小化」視為理想的政府。而這也是在經濟上重視自由的「自由意志主義」。這種思想和羅爾斯主張的「積極影響政府經濟，藉此縮小貧富差距」的思想相反。

國民可以自由進行經濟活動

## 社群主義

重視「社群善念」

邁可・桑德爾

（1953～）美國

桑德爾將家庭、地方社會、國家等社群中所有人共有的價值、目標，稱為「社群善念」。而這個思想，則被稱為「社群主義」。

由於人類無法脫離自己所屬的社群關係，因此桑德爾反對羅爾斯所說的無知之幕，認為受到無知之幕所蒙蔽的人反而會無法判斷道德的對錯。

# 第四章

## 生命的正義

- 你支持尊嚴死嗎？
- 應當廢除死刑嗎？

# 21

# 你支持尊嚴死嗎？

田中 在班上是個不太顯眼的同學。
但關鍵時刻會說出自己的意見。

# 問題出在哪裡？

只要是人，總有面臨死亡的一天，誰都無法逃避這個人生階段。不過隨著醫學進步，即使人類陷入無法再度恢復意識的狀態，也可以藉由儀器保持呼吸功能、獲得營養，進而達到維持生命的目的。因此，有些人會認為與其勉強患者在無法恢復正常的情況下繼續活在病床上，不如選擇放棄維持生命，使其自然且有尊嚴的迎接死亡。

近年來，越來越多臨終者希望自己能有尊嚴的離開人世，不過家屬們在無法取得當事人意見的情況下，在後續的處理上也容易產生意見衝突。

一般來說，會有人認為「當事人或許不想接受維持生命的照護，所以最好能讓當事人有尊嚴的離開人世」。但相反的，也會有人認為「不管當事人處於何種狀態，都希望自己可以多存活一段時間，畢竟無法否認恢復正常的可能性」。

選擇
人類有死亡的權利，所以選擇尊嚴死。
是否選擇尊嚴死
不選擇
不管身體狀況如何，都希望家人的生命可以多撐 1 秒，所以不選擇尊嚴死。

# 你會怎麼想？

※請在此處的空格，寫出你的想法。

我贊成

的理念

原因是



來看看大家的想法吧

# 聽聽大家的想法

關於他人的生死問題，我們往往無法輕易下決定。因為我們可能不明白當事人的立場。

我懂你的意思。但既然身體沒有復原的機會，為其選擇尊嚴死就是最合理的判斷。基本上，我認為選擇尊嚴死是正確的決定。

然而家人間的情感使然，會讓家屬無法輕易放手。每個人都希望自己的父母、兄弟姊妹能再多活一段日子，因此無法為家人進行尊嚴死的決定。

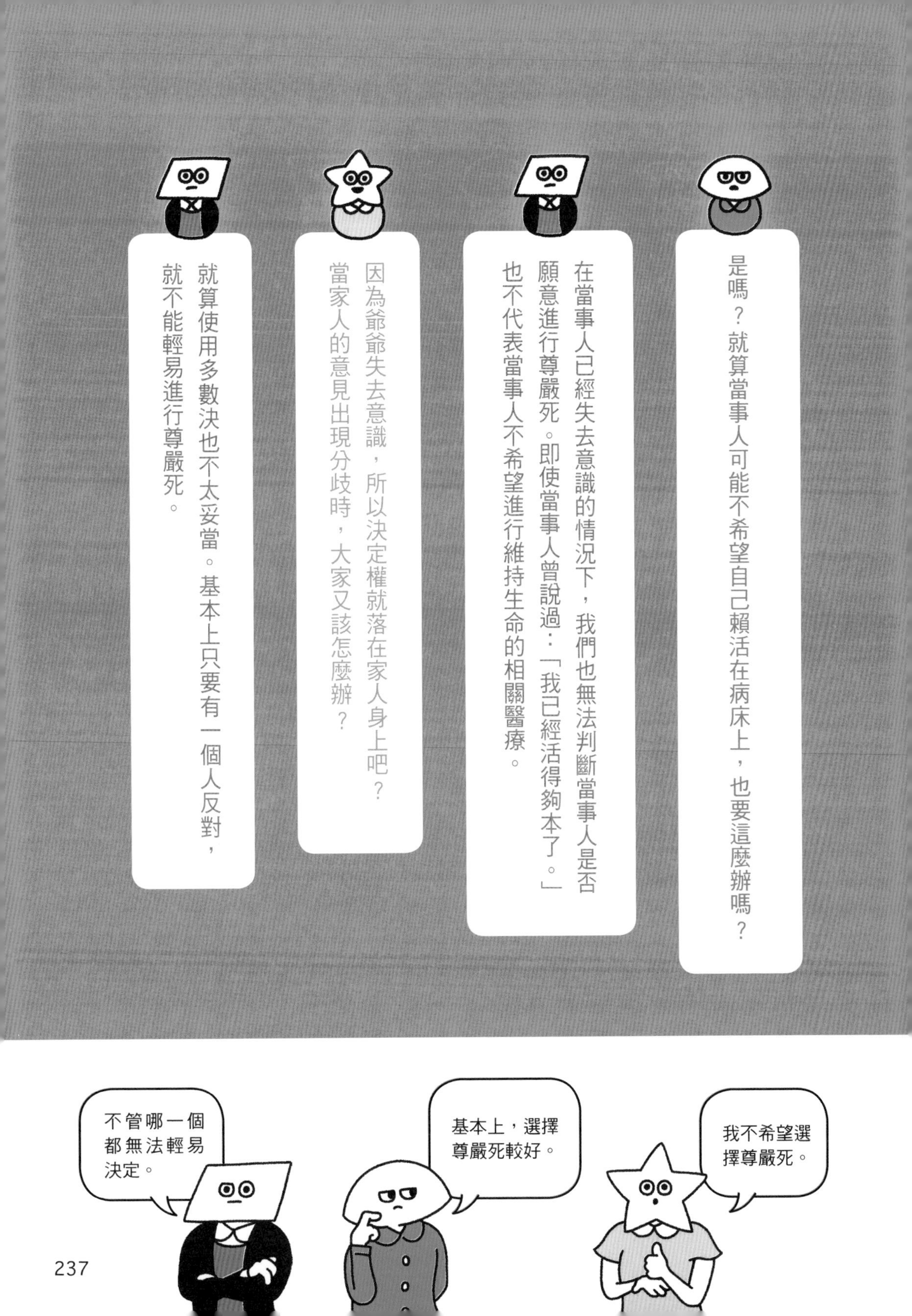
是嗎？就算當事人可能不希望自己賴活在病床上，也要這麼辦嗎？
在當事人已經失去意識的情況下，我們也無法判斷當事人是否願意進行尊嚴死。即使當事人曾說過：「我已經活得夠本了。」也不代表當事人不希望進行維持生命的相關醫療。
因為爺爺失去意識，所以決定權就落在家人身上吧？當家人的意見出現分歧時，大家又該怎麼辦？
就算使用多數決也不太妥當。基本上只要有一個人反對，就不能輕易進行尊嚴死。
不管哪一個都無法輕易決定。
基本上，選擇尊嚴死較好。
我不希望選擇尊嚴死。

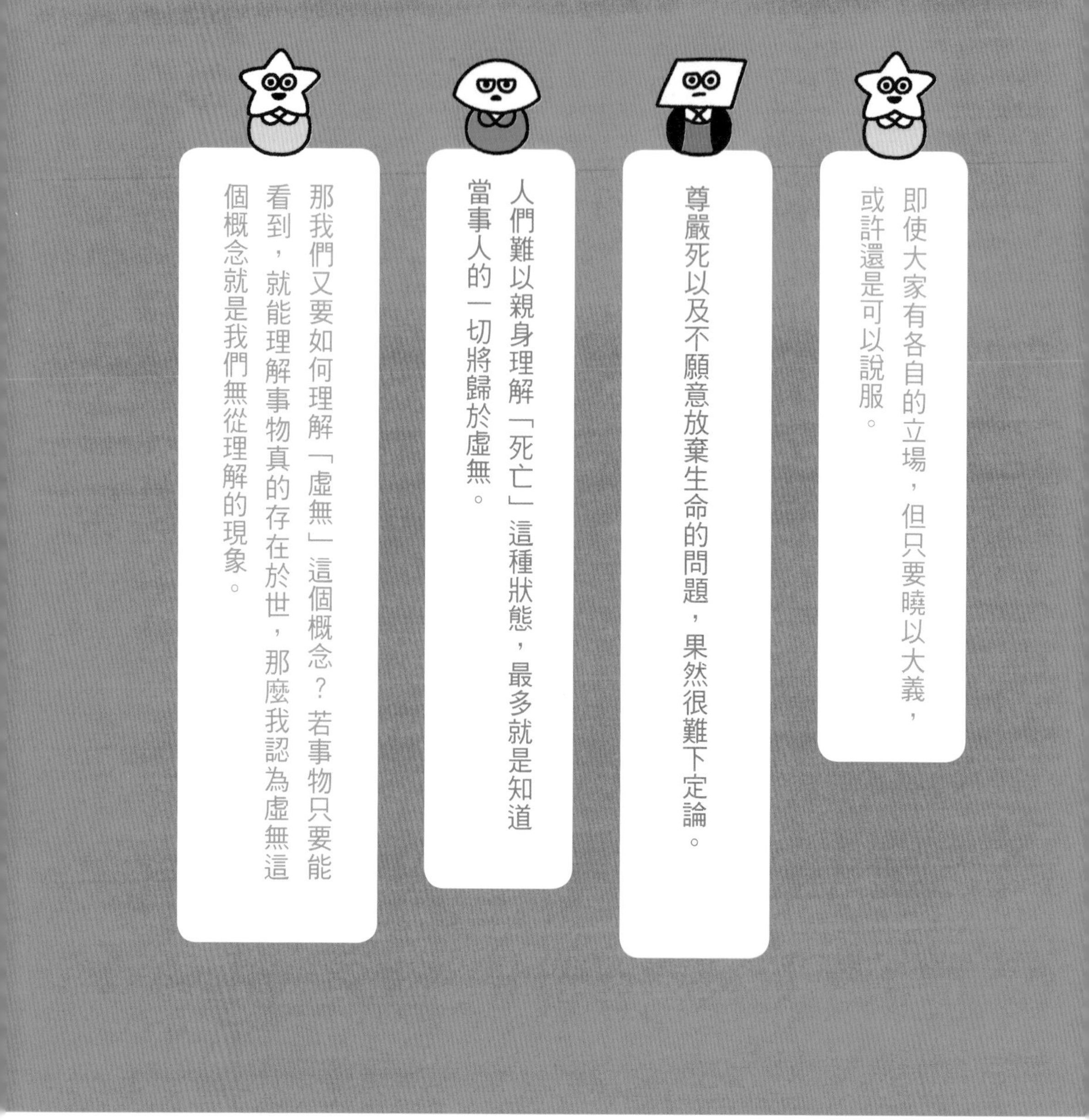
即使大家有各自的立場，但只要曉以大義，或許還是可以說服。
尊嚴死以及不願意放棄生命的問題，果然很難下定論。
人們難以親身理解「死亡」這種狀態，最多就是知道當事人的一切將歸於虛無。
那我們又要如何理解「虛無」這個概念？若事物只要能看到，就能理解事物真的存在於世，那麼我認為虛無這個概念就是我們無從理解的現象。

## 高齡化和尊嚴死

隨著日本社會趨向高齡化以及醫療技術的進步，現在除了對高齡患者進行維持生命治療以外，尊嚴死的選項也開始受到大眾的關注。

## 維持生命治療

並非是對病症施行治療，而是一種延緩死亡的治療行為。此治療方式分為下列兩種：

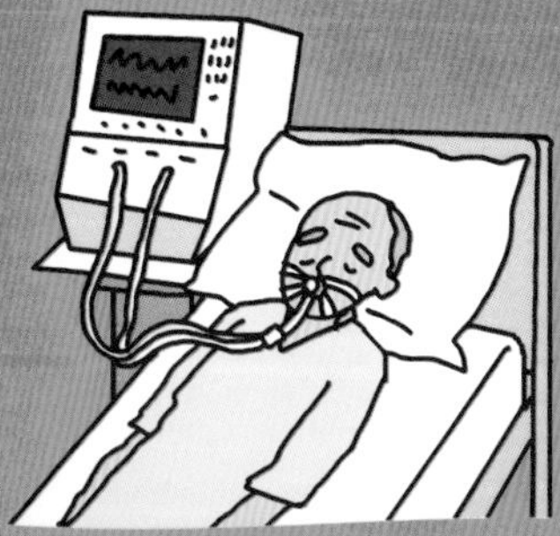

人工呼吸

人工營養

※兩種方式都能作為一般治療行為。

# 你覺得如何？

※請在此處的空格，寫出你的想法。

如果當事人事前沒有選擇任何醫療手段，你會幫他選擇尊嚴死嗎？

你會選擇尊嚴死嗎？

# 在那之後……

我今天有事想要
跟爸媽講一下。
你們知道，
醫療照護事前指示書嗎？
跟雙親討論一些比較認真的話題。

## 什麼是醫療照護事前指示書（適用日本）？

醫療照護事前指示書是一種簽署人因為重大病症，而陷入無法自行判斷的狀況下，事先決定好將接受何種醫療的文件。此文件可以記載自己在沒有意識時，決定是否進行維持生命的相關醫療。不過，其他人不能要求簽署人以此文件決定自己拒絕維持生命。

（按：臺灣的類似文件為不施行心肺復甦術同意書／安寧緩和醫療意願書。）

**醫療照護事前指示書範例**

1）當本人得到現代醫學無法治療的病症，並且被診斷為及將死亡時，不接受任何可維持生命的儀器。

2）但是，在這個狀況中，請盡力施行可以抑制本人痛苦的醫療處置。若其中的副作用將會讓本人提前死亡也無妨。

3）當本人被診斷為腦死時，請不要讓本人接受任何維持生命的措施。

本人在此對願意配合以上請求的每個人致上最深的謝意，同時也在此聲明一切責任由本人承擔。

年月日

文件作者姓名 印章 出生年月日 住址

### 也思考以下問題吧

得到現代醫學也難以挽救的病症時，如果醫師說：「有一種治療相當痛苦，但是接受的話，壽命就可以延長一個月的時間。」這時，你會怎麼辦？
所謂的生存，究竟是什麼？

## 尊嚴死與安樂死

由於現代醫學的進步，即使病患無法恢復意識，也可以維持心臟跳動等生命徵兆，但如果病患想要避免自己處於這種狀態，可以按照自己的意思拒絕進行維持生命治療。這種讓自己能順利死亡的協議就是所謂的尊嚴死。

相對的，如果病患想要避免自己因為長期治療而產生的痛苦，讓自己能提早死亡的協議就是安樂死。是一種免除病患精神上及身體上痛苦的措施。

## 尊嚴死與安樂死的進程

尊嚴死在一九七〇年代時於美國受到各界注意。當時有一位無法自力呼吸的女性患者，其雙親向醫院請求卸除人工呼吸器，然而在遭到院方拒絕後，衍生出一連串的法律訴訟。而到了一九七六年時，美國加州便設立了執行尊嚴死的相關法規。

自二〇一八年開始到目前為止，美國、英國、丹麥、芬蘭、荷

**通過尊嚴死法律的國家**

美國／英國／丹麥／芬蘭／奧地利／荷蘭／比利時／匈牙利／西班牙／德國／瑞士／義大利／新加坡／臺灣／泰國／加拿大及澳大利亞部分地區

蘭、比利時、西班牙、德國、新加坡、臺灣、泰國等國家，均設置了尊嚴死的相關法律。

安樂死則是在一九九〇年代引發各界的議論。從二〇〇〇年代開始，荷蘭、比利時、盧森堡、加拿大、瑞士等國家設有執行安樂死的專法。

## 日本的尊嚴死與安樂死法律

日本目前沒有與尊嚴死相關的法律。厚生勞動省（按：臺灣類似機構為衛福部）於二〇〇七年公布的※「臨終照護標準程序指導方針」中曾說明，在病患已確認過醫療人員所提供的正確資訊後，病患因為失去意識而無法自行決定治療行為時，必須由家屬和醫療團隊進行慎重的判斷。

日本目前沒有認同安樂死的法律。如果醫師等任何人幫助病患進行安樂死，則視同為殺人罪及加工自殺罪（按：教唆或幫助他人使之自殺，或受其囑託或得其承諾而殺之罪）。

**通過安樂死法律的國家**

荷蘭／比利時／盧森堡／加拿大／瑞士

在美國的奧勒岡州、華盛頓州、蒙大拿州、佛蒙特州等地，允許醫師幫助希望提前結束生命的末期患者實施安樂死。雖然有些地區未明文通過合法安樂死，但事實上許多國家允許實行安樂死。

※2015年公布的臨終照護之醫療決定程序相關標準程序。

## 與尊嚴死相關的議論

在日本，對於設立尊嚴死的法律有正反兩方的意見。

贊成設立的理由之一為「尊嚴死是基於尊重病患的自我決定權（決定自己生存的權利），讓醫師不需要為此負法律責任」；反對的理由則是「避免因為誤診，而讓病患在可以痊癒的情況下選擇尊嚴死」，以及「人是否即將死亡，不需要由國家插手管制」等等。

## 臨終照護的內容是什麼？

當患者的病症無法醫治時，進行延續生命徵兆的醫療行為就是維持生命治療。維持生命治療的方式有直接將營養傳送至胃部的「人工營養」，以及使用「人工呼吸器」等等。

而在病患即將死亡時進行的醫療照護則稱為「臨終照護」（End of life care）。一般來說，院方會維持患者的生活品質，

**反對尊嚴死的意見**

由於生命可貴，因此不該以任何形式幫助病患提早結束生命。

**贊成通過尊嚴死法案的意見**

希望能以自己的意思自然死亡。讓醫師不用負擔太大的法律責任，可以安心的尊重病患的決定。

**反對通過尊嚴死法案的意見**

害怕因為誤診而判斷自己即將臨終。
或許有些病患家屬願意負擔照護費用，
而且內心希望病患不要放棄治療。
國家不應該介入個人的死亡。

同時幫患者在本人希望的理想狀態下過世。

另外，為了幫即將過世的病患緩和生理和心理上的痛苦，醫院會提供進行緩和醫療的「安寧病房」。

## 醫療照護的自我決定權

所有病患都擁有決定自我醫療照護的權利。只要醫師提供完整的醫療資訊，並在尊重病患的決定下，讓病患自行選擇後續的醫療措施，以及提供同意書或進行器官捐贈的同意證明。

醫療照護的自我決定權也包括病患陷入腦死狀態時，由病患同意進行器官捐贈的相關手術。

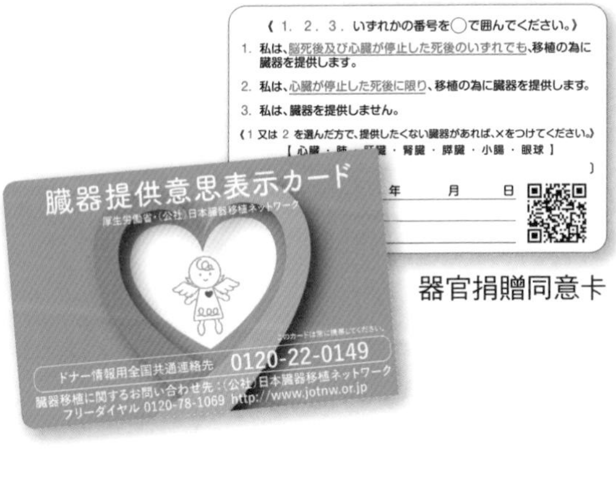


器官捐贈同意卡

安寧病房除了可以進行緩和病患痛苦的治療，也會和病患聊天，給予病患精神上的照顧。

# 22

# 應當廢除死刑嗎？

高田　全名為高田環奈，個性有些怕生。討厭粗心的哥哥。

# 問題出在哪裡？

高田和哥哥討論了關於死刑的合理性。

所謂的死刑，就是國家對罪犯執行結束生命的刑罰。在日本，只要是牽涉到情節重大的刑案（請參閱第二五六頁），例如殺人罪、強盜致死罪等等，會依法將嫌犯判為死刑。

通常反對死刑的人會認為：「萬一是誤判，雖然嫌犯沒有犯下必須判死刑的重罪，可是一旦執行死刑，就再也無法挽回生命。」或是有人主張：「死刑是一種殘忍的刑罰，即使是罪犯也必須擁有基本的人權。」

相反的，贊成死刑的人認為：「犯下殺人等重罪的凶惡罪犯，當然要用殺人償命的觀念加以對待。」、「考量到被害者家屬的心情，當然要用死刑以牙還牙。」

面對死刑的存廢問題，不管是什麼立場，每個人都有確切的主張。那麼，對於死刑的存廢，你又有何看法呢？

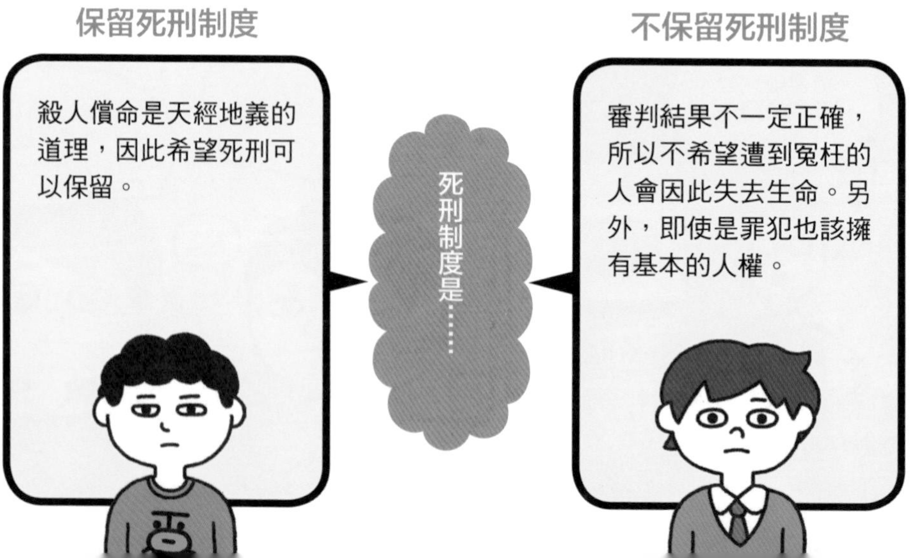
不保留死刑制度
審判結果不一定正確，所以不希望遭到冤枉的人會因此失去生命。另外，即使是罪犯也該擁有基本的人權。
死刑制度是……
保留死刑制度
殺人償命是天經地義的道理，因此希望死刑可以保留。

# 你會怎麼想？

※請在此處的空格，寫出你的想法。

我贊成

的理念

原因是



來看看大家的想法吧

# 聽聽大家的想法

我覺得死刑制度最好能廢除。除了世界上有很多國家已經廢除死刑（請參閱第二五六頁），死刑其實也會衍生許多問題。

我覺得有死刑制度比較好。每個國家有不同的文化和觀念，因此對某些國家來說，廢除死刑並不適合當地社會。

死刑對某些國家而言確實是不適用的制度，但我們還是要參考，為何那些國家會認為死刑不適合當地社會。

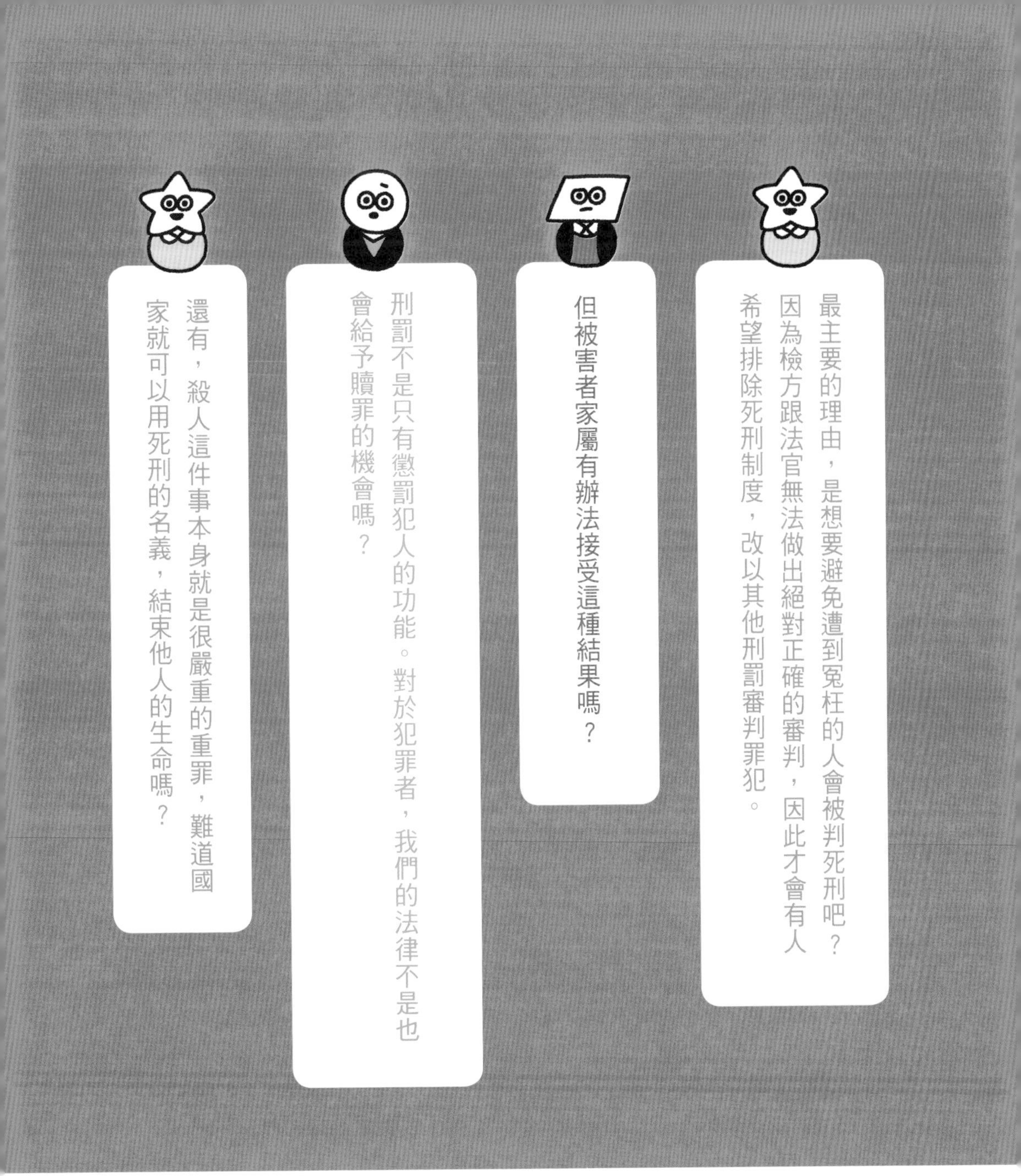
最主要的理由，是想要避免遭到冤枉的人會被判死刑吧？因為檢方跟法官無法做出絕對正確的審判，因此才會有人希望排除死刑制度，改以其他刑罰審判罪犯。
但被害者家屬有辦法接受這種結果嗎？
刑罰不是只有懲罰犯人的功能。對於犯罪者，我們的法律不是也會給予贖罪的機會嗎？
還有，殺人這件事本身就是很嚴重的重罪，難道國家就可以用死刑的名義，結束他人的生命嗎？

應該廢除死刑。
主張保留死刑制度。
請參考其他國家的做法。

但如果是親朋好友被殺死，我們也無法否認自己會希望透過死刑讓凶手伏法，進而讓自己的心靈得到慰藉。

相反的，要是自己的親朋好友被判死刑，我們又會有什麼想法。

這些假設真的難以讓人冷靜思考。

## 針對死刑存廢的意見

### 主要的贊成意見

殺人案中的被害者家屬或許希望以死刑結束犯人的生命，情節嚴重的罪犯只能以死贖罪，廢除死刑後，凶惡罪犯的生命將會受到法律的保護。

### 主要的反對意見

凶惡的罪犯必須活下來償還罪孽。
如果判決有誤，執行過死刑的人就再也無法復生。沒有證據證明死刑能有效抑制犯罪。
即使讓殺人犯執行死刑，受害者的生命還是無法挽回。

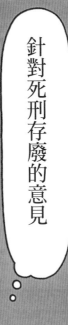

# 你覺得如何？

※請在此處的空格，寫出你的想法。

如果你最重視的人疑似被他人殺死時，你會希望犯人受到什麼刑罰？

死刑跟終生監禁，哪一個較能讓犯人贖罪？

# 在那之後……

那樣也不對，這樣也不對
他們最近感情很好呢！
母
父
兩兄妹一起看新聞的時候變多了。

## 因冤案而被判死刑的嫌犯

冤案就是因為冤枉而判罪的案件。透過刑求迫使沒有犯罪證據的嫌犯認罪，就是產生冤案的因素之一。即使後來的審判否定嫌犯犯案，但日本法律還是會根據嫌犯的認罪書判處死刑。不過成為死刑犯時，如果還能提出新的證據，就可以進行重審。若順利的話，就能宣判無罪。

菅家さん無罪
「真実の声 耳傾けられず」
足利事件再審 裁判長が謝罪
完全無罪
宇都宮地裁判決

**也思考以下問題吧**

你贊成新聞不用實名報導的形式介紹少年犯嗎？
親朋好友被殺死後，可以要求判處嫌犯死刑嗎？

## 日本的死刑制度

在日本，最嚴重的刑法即是死刑。當死刑定讞後，日本的法務大臣根據法律必須在半年內提出執行死刑的命令。不過，實際上還是有一些案例在多年後，依然沒有執行死刑。

例如，第二次世界大戰剛結束不久所發生的※「帝銀事件」。該案嫌犯平澤貞通在死刑定讞後，相關單位沒有執行死刑，最後平澤貞通在入獄數十年後病死於監獄裡。

日本執行死刑的方式是採取絞刑。對執行死刑的刑務官而言，即使這是職責，但直接結束他人生命，也是會讓他們的心中感到不安。

## 仍有死刑制度及廢除死刑的國家

目前廢除死刑制度的風氣以歐洲國家為主，讓許多國家也紛紛跟進。另外，有些國家雖然有執行死刑的法律制度，卻已

**擁有死刑制度的國家（共56國）**

日本／埃及／印尼／越南／伊朗／北韓／沙烏地阿拉伯／中國／印度／新加坡／美國（因州而異）等

**日本死刑定讞者人數、已執行人數的推移**

（資料取自國際特赦組織日本分部）

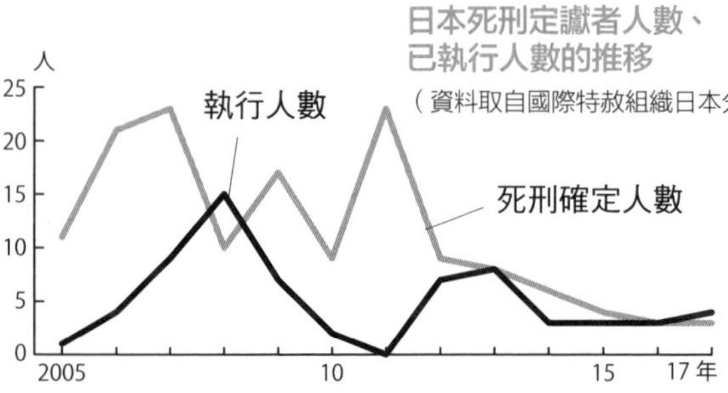


※1948年，位於東京都的帝國銀行椎名町分行所發生的毒物殺人案。下毒的嫌犯平澤貞通被判處死刑後，於1987年以死刑犯的身分病死於獄中。

經長期沒有執行過死刑。

事實上，不同於日本和美國（根據各州法律的不同），許多國家的法律裡很少設有死刑制度。另一方面，在亞洲、非洲地區各國中，即便只犯了較輕微的罪（例如詐欺等），也有可能會根據當地法律而被判處死刑。

## 死刑是殘忍的刑罰嗎？

在日本國憲法第三十六條當中，明定「公務員絕對禁止實施拷問及殘忍之刑罰」。所以反對死刑的人主張死刑就是殘忍的刑罰，認為執行死刑已經屬於違憲的行為。

然而，日本的最高法院認為殘忍之刑罰，包括火刑、磔（ㄓㄜˋ）刑、烹刑、斬首，而不將絞刑列為殘忍之刑罰，所以日本目前仍將死刑視為可合法執行的刑罰。

**雖擁有死刑制度，但長年未執行的國家（共 29 國）**

南韓／斯里蘭卡／寮國／緬甸／阿爾及利亞／喀麥隆／肯亞／突尼西亞／摩洛哥／俄羅斯等

**廢除一般犯罪必須執行死刑的國家（共 7 國）**

巴西／薩爾瓦多／瓜地馬拉／智利／以色列／哈薩克／秘魯

**無死刑制度的國家**

柬埔寨／菲律賓／南非／歐洲各國／土耳其／阿根廷／加拿大／墨西哥／澳洲等

（資料取自國際特赦組織日本分部）
（自 2017 年 12 月下旬到現在）

## 較多人支持死刑的日本

根據在日本進行的問卷調查，發現日本約有八〇%的人支持死刑制度。支持的理由大多為「可以平復被害者家屬的情緒。」至於認為日本應該廢除死刑的人約占一〇%的比率。

在現行的日本法律中，僅次於死刑的刑罰為無期徒刑，但罪犯被判處無期徒刑後，仍有機會假釋出獄。此外，若國家的法律中有不得假釋的終身監禁時，就會產生較多應該廢除死刑的意見，進而提升贊成廢除死刑的人數比率。

## 廢除死刑制度的請願活動

一九八九年時，日本未簽署聯合國大會上的死刑廢止條約（以國家為對象）。二〇一六年，聯合國大會上的廢除死刑決議案以壓倒性的多數通過，而日本當時在該決議案中投下反對票。另外，聯合國人權理事會在二〇一八年時勸告日本政府廢

除死刑制度，不過後來遭到日本政府拒絕。

日本國內則有國際特赦組織日本分部發起的廢除死刑遊行，目的是對日本政府提出廢除死刑的要求。還有日本律師聯合會也進行過廢除死刑的活動（按：臺灣部分根據歷年民調，約有八〇%受訪者反對廢除死刑。但是，如有相關配套措施，則下降至四〇%）。

## 對於是否廢除死刑的意見

2014 年「基本法律制度問卷調查」（內閣府）

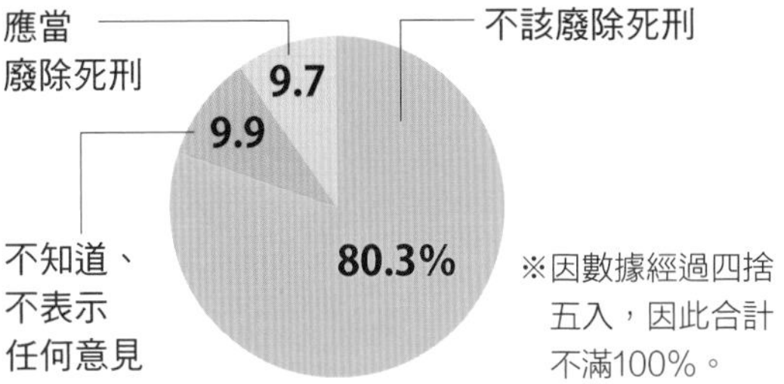

應當廢除死刑
9.7
不該廢除死刑
9.9
不知道、不表示任何意見
80.3%
※因數據經過四捨五入，因此合計不滿100%。


## 有不得假釋的「終身監禁」制度時，對於是否廢除死刑的意見

2014 年「基本法律制度問卷調查」（內閣府）

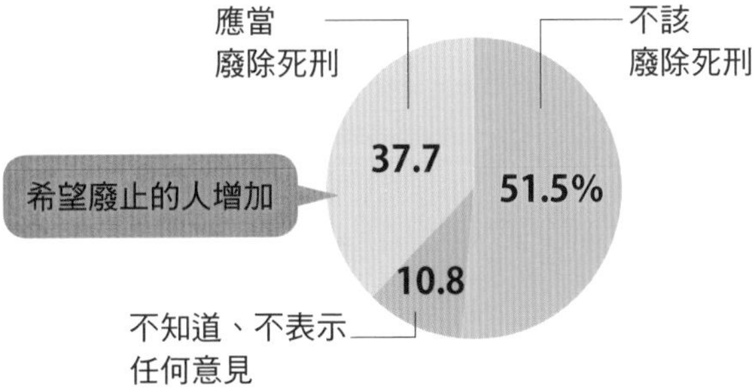

應當廢除死刑
不該廢除死刑
希望廢止的人增加
37.7
51.5%
10.8
不知道、不表示任何意見


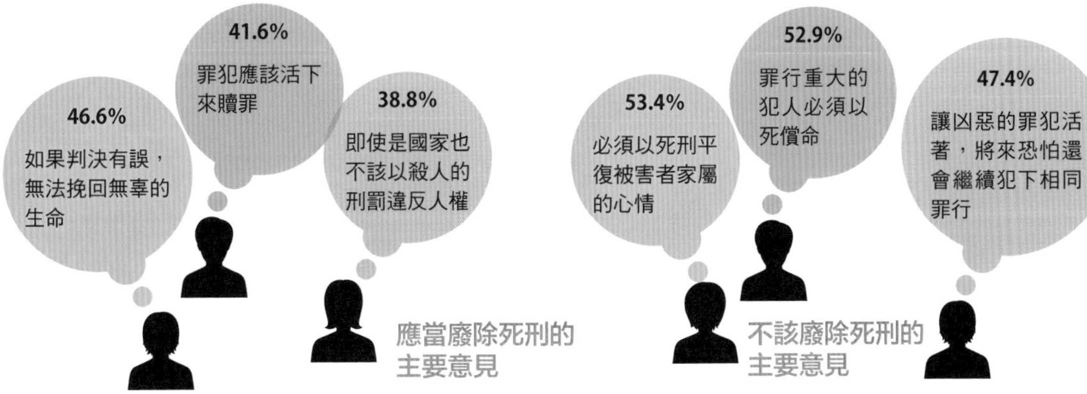

41.6%
罪犯應該活下來贖罪
46.6%
如果判決有誤，無法挽回無辜的生命
38.8%
即使是國家也不該以殺人的刑罰違反人權
應當廢除死刑的主要意見
52.9%
罪行重大的犯人必須以死償命
53.4%
必須以死刑平復被害者家屬的心情
47.4%
讓凶惡的罪犯活著，將來恐怕還會繼續犯下相同罪行
不該廢除死刑的主要意見

結語

# 你的意見，是你思辨之後陳述的價值觀嗎？

這本書就到這邊為止，各位覺得如何？說說你們的感想吧？

雖然一開始我是抱著輕鬆的心態看待，不過後來逐漸開始出現值得深思的問題，越是正視其中的癥結，心裡頭就越掙扎。

沒錯，雖然大家最初都只是單純提出自己的意見，但是後來就會發現自己的意見並不一定正確。

對呀，從中找出自己原本沒發現到的意見，那種感覺還挺新奇的。但自己的意見被否定時，還是有一點讓人不太高興。

願意思考他人的意見，就能更坦率的接受。不過，這個世界上有許多問題，都是無法簡單思考就下結論。

回想前面的各種議題討論後，你們覺得想解決問題時，必須意識到的重點是什麼呢？

我認為是站得住腳的正確道理，就是那種不偏私的公平思考。

雖然這樣會難以接受任何意見，而且也難以找出解決問題的方法，但的確也是很重要的思考。

而我認為重要的是重視效率的思考方式，在遇到多數決的問題時是最重要的概念。

還有我也重新認識到思考對方的立場，也是最基本的思考方式。

對啊，我們必須考慮到自己和對方的立場。雖然這樣有些多餘，但最好還是避免自己立刻產生犧牲自我的想法。

總覺得自己和大家在思考時比以前還要仔細許多。

那真的很好，「思考」對我們本身就是很重要的行為。再次質疑原本理所當然的事物，就是做學問的基本。

這雖然大家一直都知道，不過步驟有點累人。

確實如此。所以當我們出現「咦？這有點奇怪」的感覺時，要養成最好停下腳步思考的習慣。

遇到有些不合理的情況時，也許會成為你思考的機會。

比起忍氣吞聲，在腦中整理好亂糟糟的意見會更愉快。

沒錯，就是這樣。這樣大家就有辦法互相理解個人的想法了。

# 給讀者們的話

在閱讀過本書所整理的問題、以及對於問題的各種意見後，你現在有什麼感想？如果你對本書的某些意見感到認同的話，想必也會認為某些意見「簡直是大錯特錯」吧？隨著立場不同，人們對於一件事的意見也就會跟著不同。特別是每個人皆擁有獨自的思考。或許這一點你也早就發現到了吧？

我們每個人都生活在學校、家庭等。但是，從這些地方延伸出去的卻是廣大的世界，當我們身處在其中時，就更容易遇到比之前還要廣闊的思考、意見。

在遇到與自己不同的思考、意見時，千萬不要展現出拒絕的態度，而是要側耳傾聽。如果你覺得其中有什麼不對，可以試著說服對方，而在這個過程中，雙方之間也就能產生更深的交流，進而達到互相理解。在未來的世界裡，這種溝通方法將會是各位不可或缺的能力。

在此由衷希望每位讀者能透過本書，讓自己的感性、思考力獲得成長。

盡情煩惱吧，人生這樣思辨才有答案！：每個人內心的正義，答案都不一樣，怎麼做才能無悔也無愧？／押谷由夫監修；王榆琮譯．－－ 初版．－－ 臺北市 ：大是文化，2020.04
272 面；17x23 公分－－（Style；38）
譯自：生きるための「正義」を考える本
ISBN 978-957-9654-64-7（平裝）

1. 社會正義　2. 思辨　3. 生活

540.21　　108022212

Style038

# 盡情煩惱吧，人生這樣思辨才有答案！

## 每個人內心的正義，答案都不一樣，怎麼做才能無悔也無愧？

監　　修／押谷由夫
譯　　者／王榆琮
責任編輯／江育瑄
校對編輯／陳竑悳
美術編輯／張皓婷
副 主 編／馬祥芬
副總編輯／顏惠君
總 編 輯／吳依瑋
發 行 人／徐仲秋
會　　計／林妙燕
版權經理／郝麗珍
行銷企劃／徐千晴、周以婷
業務助理／王德渝
業務專員／馬絮盈
業務經理／林裕安
總 經 理／陳絜吾

出 版 者／大是文化有限公司
臺北市 100 衡陽路 7 號 8 樓
編輯部電話：（02）23757911
購書相關諮詢請洽：（02）23757911 分機 122
24 小時讀者服務傳真：（02）23756999
讀者服務 E-mail：haom@ms28.hinet.net
郵政劃撥帳號：19983366　戶名：大是文化有限公司
香港發行／豐達出版發行有限公司
Rich Publishing & Distribution Ltd
香港柴灣永泰道 70 號柴灣工業城第 2 期 1805 室
Unit 1805, Ph. 2, Chai Wan Ind City, 70 Wing Tai Rd,
Chai Wan, Hong Kong
電話：2172 6513 傳真：2172 4355 e-mail：cary@subseasy.com.hk
法律顧問／永然聯合法律事務所

封面設計／林雯瑛
內頁排版／林雯瑛
印　　刷／鴻霖印刷傳媒股份有限公司

出版日期／2020 年 4 月初版
定　　價／新臺幣 360 元
I S B N／978-957-9654-64-7